어느 평화주의자가 만난 팔레스타인 사람들
지도 위에서 지워진 이름, 팔레스타인에 물들다

어느 평화주의자가 만난 팔레스타인 사람들

지도 위에서 지워진 이름, 팔레스타인에 물들다

초판 1쇄 펴냄 2010년 9월 10일
초판 2쇄 펴냄 2013년 9월 30일

지은이 안영민
펴낸이 김선영
펴낸곳 책으로여는세상

출판등록 제2012-000002호
주소 (우)476-912 경기도 양평군 강상면 서라우길 59
전화 070-4222-9917 | **팩스** 0505-917-9917 | **E-mail** dkahn21@daum.net

ISBN 978-89-93834-05-5(03810)

책으로여는세상

좋·은·책·이·좋·은·세·상·을·열·어·갑·니·다

*잘못된 책은 사신 곳에서 바꿀 수 있습니다.
*이 책에 실린 모든 내용은 〈책으로여는세상〉의 서면 동의 없이는 사용할 수 없습니다.

이 도서의 국립중앙도서관 출판시도서목록(CIP)은 서지정보유통지원시스템 홈페이지(http://seoji.nl.go.kr)와 국가자료공동목록시스템(http://www.nl.go.kr/kolisnet)에서 이용하실 수 있습니다.(CIP제어번호: CIP2010002950)

지도 위에서 지워진 이름,
팔레스타인에 물들다

어느 평화주의자가 만난 팔레스타인 사람들 안영민 글·사진

책으로여는세상

지도 위에서 지워진 이름, 팔레스타인

팔레스타인이 중동 어디쯤이라고 들은 것 같은데
세계지도를 펴놓고 아무리 찾아도 보이지 않을 것입니다.
그렇다면 팔레스타인은 상상 속에나 존재하는 땅일까요?
그렇지 않습니다. 이스라엘을 찾았다면 팔레스타인을 찾은 것입니다.
다만 현재 그 땅을 이스라엘이 점령하고 있기 때문에
팔레스타인이라는 이름은 지도 위에서 지워져버렸습니다.
강자가 점령한 곳, 그래서 약자의 이름은 지도 위에 없습니다.

현재 팔레스타인 사람들은 고향에서 쫓겨난 채
가자 지구와 서안 지구 그리고 전세계의 난민촌에서
고달픈 하루하루를 삶에 대한 희망으로 이어가고 있습니다.

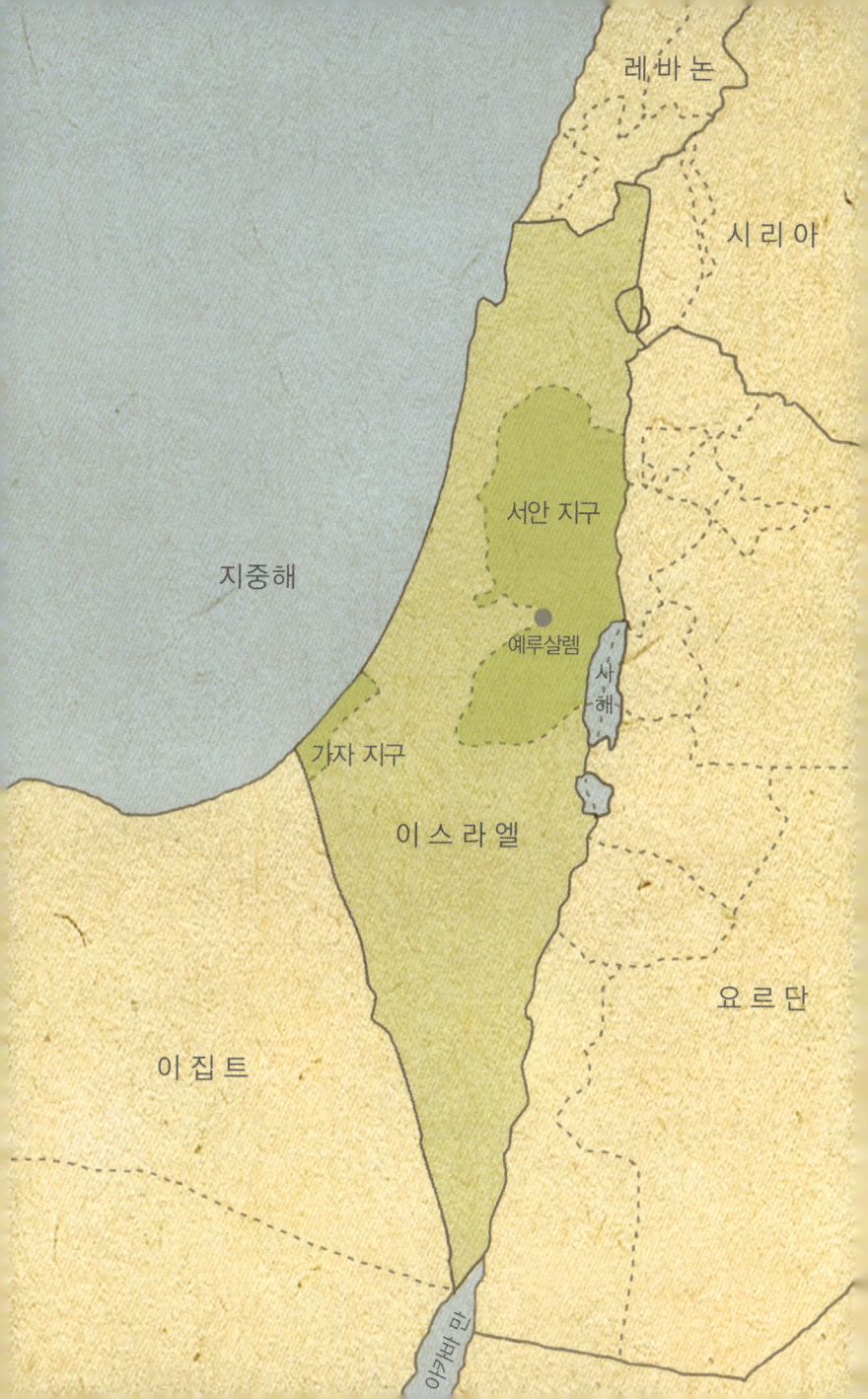

Prologue

내 마음을 움직인 사진 한 장

하루는 신문을 보다 별 생각 없이 국제면을 폈는데 사진 하나가 보였다. 팔레스타인이라는 곳에서 어린 아이가 이스라엘 군인의 총에 맞은 사진이었다. 평소 신문 보기를 즐겨하기에 그전에도 이런 사진을 여러 곳에서 봤을 것이다. 그런데 그날은 왠지 마음속에서 무언가 쿵 하는 소리가 들리더니 심장이 콩닥콩닥 뛰었다. 그리고 갑자기 머릿속에 '이건 아니야. 나도 뭔가 해봐야겠어!' 라는 말이 영화 속 자막처럼 떠오르는 게 아닌가.

그때만 해도 대개의 사람들이 그렇듯 나 역시 한국 밖에서 벌어지는 일에 대해서는 큰 관심이 없었다. 팔레스타인이라는 말도 들어보기는 했어도 그것이 나라 이름인지 과자 이름인지조차 잘 구분하지 못하던 때였다. 그런데 이게 웬 운명의 장난인지 그 사진 한 장이 내 가슴을 울리고 인생을 바꿔 놓을 줄이야….

그 사진을 본 뒤로 계속해서 팔레스타인에 대한 뉴스와 자료를 찾아보았다. 그리고 급기야 2003년에는 몇몇 사람들과 〈팔레스타인평화연대〉라는 모임을 만들었다. 그런데 팔레스타인에 관심 있는 사람들이 모이기는 모였는데, 팔레스타인에 대해 아는 것은 대부분 나와 비슷했다. 뭔가 해야 한다는 생각은 있었지만 무얼 어떻게 해야 할지 아무것도 몰랐던 것이다.

모두들 열심히 자료를 찾고 토론을 했다. 늦은 밤 불 꺼진 시골집에서 뒷간 찾아가는 것마냥 더듬더듬 팔레스타인과 이스라엘, 중동과 이슬람에 대해 배워 나가기 시작했다. 조금씩 공부하다 보니 일본이 조선을 식민지로 만들었듯이 이스라엘이 팔레스타인을 점령했고 팔레스타인 사람들을 많이 괴롭히고 있다는 사실을 알게 되었다.

팔레스타인의 평화를 위해 시민활동을 한다고 했을 때 처음에는 주위 사람들조차 "한국도 일이 많은데 웬 팔레스타인?"하며 신기한 듯 쳐다보았다. 이스라엘의 불법적인 폭격을 비난하는 거리 캠페인이라도 할 때는 "너희들, 김정일한테 돈 받았지?"하며 욕을 하거나, 들고 있던 피켓을 뺏어 내리쳐 부수는 사람도 있었다.

그렇지만 우리는 팔레스타인에서 이스라엘이 벌이는 온갖 만행을 세상에 알리기 위해 노력을 아끼지 않았다. 각자 다른 일을 하고 있거나 학교를 다니고 있던 사람들이 함께 홈페이지를 만들고 거리 캠페인도 하면서 조금씩 팔레스타인 사람들의 고통을 세상에 알려 나갔다. 이스라엘 대사관 앞에서 집회도 벌이고, 팔레스타인 관련 책도 만들고, 언론과 인터뷰를 하거나 기고도 하고, 학교나 단체를 대상으로 강연도 했다.

그러다가 언론이나 인터넷을 통해 알게 되는 팔레스타인 모습 대신 직접 내 눈으로 봐야 할 것 같다는 생각에 2006년, 처음으로 팔레스타인으로 갔다. 팔레스타인에 오갈 그 즈음, '웬 팔레스타인?' 하던 한국 사회에서도 '그래, 저런 활동도 필요해'라는 목소리가 여기저기서 들리기 시작했다. 팔레스타인에 대해 관심을 갖게 된 사람들이 조금씩 늘어나기 시작한 것이다.

지난 2008년 12월 말부터 이스라엘은 팔레스타인의 가자 지구를 또다시 공격하기 시작했다. 우리나라 광주광역시 인구와 비슷한 150만여 명이 살고 있는 가자 지구에서는 22일 동안 계속된 공격으로 1,400여 명의 팔레스타인 사람들이 죽어갔다. 이스라엘은 화학무기까지 뿌려가며 가자 지구를 생지옥으로 만들었다.

그렇게 난리가 한창이던 2009년 1월 10일, 무지 추웠던 이날 나는 〈팔레스타인평화연대〉 사람들과 서울 보신각과 이스라엘 대사관 앞에서 집회를 열었다. 한국에 와 있는 팔레스타인 사람들도 집회에 참여해 연설도 하고 그랬다. 그런데… 집회가 끝나고 난 뒤 마음속에 '도대체 너 뭐하냐?'라는 큰 울림이 일었다.

팔레스타인에서 많은 사람들이 폭탄과 총에 맞아 죽어가고 있고, 우리는 그 아픔을 함께하자고 집회를 열었고, 많은 사람들이 추위에 덜덜 떨면서도 자리를 지키고 있었다. 하지만 정작 집회를 준비한 내 마음속에는 '한국인들의 마음을 이스라엘과 팔레스타인에 어떻게 전할 수 있을까?' 하는 것보다는 '많은 사람이 모인 집회가 무사히 잘 끝났으면…' 하는 생각이 더 크게 자리하고 있었던 것이다.

    부끄러웠다. 팔레스타인 사람들에게 부끄러웠고, 추운 날 시멘트 바닥에 앉아 함께 집회를 한 사람들에게 부끄러웠고, 나 자신에게 부끄러웠다. 그렇잖아도 다시 한 번 팔레스타인에 가야겠다고 생각하고 있었는데, 2009년 1월 10일 이 일을 겪으면서 꼭 다시 가야겠다고 생각했다. 팔레스타인이라는 말이 내가 진심을 다해 마음을 쏟는 말이 되기보다 그저 또 하나의 일로 내 안에 자리한 이 상황을 치유할 수 있는 가장 좋은 길은 팔레스타인에 가서 팔레스타인 사람들과 함께 지내는 것이라고 생각했다.

    이 책은 그렇게 2009년, 다시 팔레스타인으로 가서 만나고 느낀 것들에 관한 이야기다. 처음 내게 아픔과 분노로 다가왔던 팔레스타인이 따뜻함과 그리움으로 남게 된 사연이기도 하다.

    이 책을 읽는 사람들이 팔레스타인 사람들을 우리처럼 즐거우면 웃고 슬프면 우는 사람들로, 하지만 우리와는 조금 다른 조건 속에 사는 사람들로 기억할 수 있었으면 하는 바람이다. 그렇게만 된다면 어려운 삶 속에서도 낯선 이방인을 깊고 따뜻한 마음으로 안아주었던 팔레스타인 사람들에게 내가 조금이나마 보답할 수 있는 길이 열린 것이라 생각한다.

2010년 8월 안영민

Prologue 내 마음을 움직인 사진 한 장

Part 1 지도 위에서 지워진 이름, 팔레스타인에 가다

평화가 사라져버린 평화의 땅, 예루살렘	14
팔레스타인 시골 아저씨, 와엘을 만나다	34
작은 시골 마을에 짐을 풀다	44
데이르 알 고쏜의 친구들	48
한밤중의 칠면조 나르기	56
물에 대한 권한을 빼앗긴 사람들	60
작은 시골 마을의 낯선 외국인	66
한밤의 칵테일 파티	70
알 자지라를 보는 이유	78
한국 사람들은 팔레스타인을 어떻게 생각해요?	88
지중해의 푸른 바다를 낀 거대한 감옥, 가자 지구	94
느리게 돌아가는 팔레스타인의 시간	106
종교 때문이라고요?	116
우린 친구잖아요	126
팔레스타인 마을만 어둠에 잠기고	132
뒤집어진 사진 한 장	140
점령 마케팅?	152

Part 2 지도 위에서 지워진 이름, 팔레스타인에 묻다

미래를 빼앗긴 사람들	164
점령이 인간의 수염에 미치는 영향	170
저 소리 들려요?	176
많이 먹어요, 많이!	182
라마단 함께하기	190
장벽, 삶을 가로막다	200
'팔레스타인 사람 비우기'가 한창인 헤브론	214
그래도 희망의 끈을 놓지 말아요	226
멈춰! 거기 서!	232
내 동생하고 결혼하세요	244
자기 집 마당에서도 놀지 못하는 아이	252
올리브 장아찌를 아시나요?	262
우리는 테러리스트가 아니에요	268
세바스티아를 떠나던 날	274
예수가 지난 자리, 그곳에 평화가 있기를…	280
예루살렘에 가봤어요?	292
팔레스타인에 희망이 있냐고요?	298
이별 이별 이별	304
나의 찌질한 복수	310

Epilogue 한 번 울리고 끊어지는 전화

Part 1
지도 위에서 지워진 이름
팔레스타인에 가다

평화가 사라져버린 평화의 땅, 예루살렘

이스라엘 공항에 내렸다. 앞으로 어떤 일이 펼쳐질지 살짝 기대가 된다. 다른 사람들과 함께 줄을 서서 기다리다 여권을 내밀면서 '노 스탬프(No Stamp)'라고 말했다. 도장을 찍지 말아달라는 이야기다(여권에 이스라엘 출입국 도장이 찍혀 있으면 나중에 시리아나 레바논을 여행하기가 어려워진다. 그러므로 팔레스타인을 여행한 뒤 시리아나 레바논을 여행할 계획이라면 '노 스탬프'라고 말하면 된다. 그러면 여권이 아닌 다른 종이에 입국 허가 도장을 찍어준다).

문제는 여기서부터 벌어졌다. 공항 직원이 이스라엘에는 왜 왔느냐, 왜 노 스탬프를 원하느냐고 물었다. 그래서 예루살렘에 가려고 한다, 나중에 다른 나라를 여행할 수도 있어 그런다고 했다. 그러자 공항 직원은 어디론가 전화를 걸더니, 다른 사람들은 간단히 여권에 도장만 찍고 내보내면서 나를 보고는 따라오라고 했다.

조그만 방에서 따로 인터뷰를 했다. 왜 왔냐, 어디 가느냐, 어디서 머물 것이냐, 얼마나 있을 것이냐며 꼬치꼬치 캐물었다. 이미 짐작한 상황이라 당황하지는 않았지만 기분이 좋지는 않았다. 이때 중요한 것은, 공항 직원들이 무슨 질문을 하더라도 팔레스타인이니 가자 지구니 서안 지구니 하는 말을 해서는 안 된다는 사실이다. 그런 말을 하는 순간부터 무척 피곤해질 수 있기 때문이다. 아무튼 기다리고 인터뷰하고 또 기다리고, 그렇게 30분 넘게 지나서야 그곳에서 빠져나올 수 있었다.

그 다음은 짐 검색. 석 달 동안 머물 계획이었기 때문에 짐이 꽤 많았다. 검색이 무척 까다로울 줄 알았는데 웬걸, 별다른 검사를 하지 않았다. 짐 검색이 까다롭기로 이름난 이스라엘인데 무슨 바람이 불었나 싶었다. 아무튼 조금 귀찮은 일도 있었지만 그 정도로 끝난 것만도 다행이라 생각하며 출국장 문을 나섰다.

출국장을 나와 공항 밖으로 나가니 5번 버스가 서 있었다. 운전사에게 예루살렘에 간다고 말하고 21.5세켈(약 7천 원)을 건네니 버스표를 준다(세켈은 이스라엘 화폐로, 1달러를 약 3.8세켈로 바꿀 수 있다. 그러니까 1세켈은 한국 돈으로 340원쯤 된다). 버스표를 잘 가지고 있다가 나중에 갈아타는 버스에서 내야 돈을 더 내지 않고 예루살렘까지 갈 수 있다. 5분쯤 가니 운전사가 내리라고 했다. 그러고는 손가락으로 멀리 보이는 정류장을 가리키며 그곳에서 예루살렘 가는 버스를 타라고 했다. 낑낑거리며 짐을 들고 정류장으로 가니 예루살렘 가는 버스가 여러 대 있었다. M16 소총을 든 사람들과 함께(이스라엘에 왔다는 것이 실감났다) 1시간 정도 버스를 타고 서예루살렘까지 갔다.

터미널에 도착해 짐칸에서 가방을 꺼내니 어디를 가느냐, 도와주겠다며 다가오는 사람들이 많았다. 택시 운전사들이다. 나는 괜찮다고 말하고는 터미널 바로 앞에 있는 시내버스 정류장으로 걸어갔다. 동예루살렘의 올드시티로 가기 위해서다.

여느 나라와 마찬가지로 외국인이 현지 시내버스를 타기란 쉽지 않다. 하지만 그리 어려운 일도 아니다. 그저 두리번거리다 눈이 마주치는 사람이 있으면 웃으면서 목적지만 말하면 그만이다. 아니나 다

를까, '올드시티'란 말을 몇 번 외치니 누군가 1번 버스를 타고 말해준다. 버스비는 5.9세켈(약 2천 원). 그렇게 해서 나는 서예루살렘에서 동예루살렘의 올드시티로 갔다.

동 예루살렘과 서 예루살렘

예루살렘이면 예루살렘이지 동예루살렘은 뭐고 서예루살렘은 뭘까? 예루살렘은 하나이기도 하고 둘이기도 하다. 사연은 이렇다. 1948년 5월 14일, 유대인들은 팔레스타인 사람들

예루살렘 모습. 가운데 성벽으로 둘러싸인 곳이 동예루살렘의 올드시티

이 살고 있는 땅에 이스라엘이라는 나라를 세웠다. 그러자 팔레스타인 주변 국가들(이집트, 요르단, 이라크, 시리아, 레바논)이 연합군을 결성해 다음날인 5월 15일부터 이스라엘과 전쟁을 벌였다. 이것이 팔레스타인 전쟁(흔히 말하는 1차 중동전쟁)이다. 그런데 이 전쟁에서 이스라엘이 크게 이기는 바람에 팔레스타인 영토의 78%를 점령하였고, 예루살렘도 절반이나 점령하고 말았다. 그곳이 바로 서예루살렘이다.

서예루살렘을 점령하면서 이스라엘은 그곳에 살고 있던 팔레스타인 사람들을 강제로 동예루살렘으로 쫓아냈다. 그 결과, 서예루살렘은 주로 이스라엘 사람들이 사는 곳이 되었고 동예루살렘은 팔레스타인 사람들이 사는 곳이 되었다. 예루살렘이 둘로 나뉘게 된 것이다.

그뒤 1967년, 이스라엘은 팔레스타인에서 점령하지 못한 지역인 가자 지구와 서안 지구를 공격했다. 그리고 이때 동예루살렘도 함께 공격해 점령하면서 가자 지구, 서안 지구와 더불어 동예루살렘도 사실상 이스라엘의 식민통치 아래에 놓이게 되었다. 지금도 동예루살렘 올드시티(구시가지)에 있는 성벽을 보면 그때의 총탄 자국이 남아 있다. 현재 예루살렘은 완전히 이스라엘이 지배하고 있는 서예루살렘과, 팔레스타인 사람들의 주거 공간이면서 이스라엘의 식민통치 아래서 온갖 핍박과 억압에 시달리고 있는 동예루살렘으로 나뉘어져 있다.

그렇다면 서예루살렘과 동예루살렘은 어떻게 구별할까? 무슨 철조망이라도 있을까? 물론 그런 것은 없다. 일단 이스라엘이 만들어놓은 행정구역으로 보면 예루살렘은 하나이고, 이스라엘은 예루살렘을 자신들의 수도라고 말한다. 따라서 예루살렘에 처음 간 외국인이 서예루살렘과 동예루살렘을 구분하기는 어렵다. 그렇지만 조금만 관심

1967년 전쟁 당시 동예루살렘 올드시티 성벽에 생긴 총탄 자국
이 전쟁으로 이스라엘은 서예루살렘에 이어 동예루살렘까지 점령했다.

을 갖고 보면 뜻밖에도 쉽게 구별할 수 있다.

서예루살렘과 동예루살렘 사이에는 '로드 넘버 원'이라는 큰 도로가 있다. 이 도로를 따라 1948년 전쟁 후 이스라엘과 요르단 사이에 휴전선이 그어졌는데, 이 도로를 사이에 두고 서쪽은 이스라엘 사람들이 살고 동쪽은 팔레스타인 사람들이 많이 산다(길을 막거나 지키는 사람은 아무도 없지만 팔레스타인 사람들은 이스라엘 지역으로 결코 가지 않는다. 그리고 실제로 팔레스타인 사람들은 허가 없이 이스라엘 지역에 들어갈 수 없기도 하다).

이 도로를 기준으로 서쪽으로 가면 우리나라의 여느 도시처럼 도로가 넓고 큰 시내버스들이 다닌다. 간판에는 히브리어가 많이 적혀 있고, 히잡을 쓴 여성보다는 쓰지 않은 여성이 많다. 반대로, 도로를 건너 동쪽으로 가면 간판이 아랍어로 된 것이 많고 도로가 좁고 버스도 작아진다. 히잡을 쓴 여성들도 많이 만나게 된다.

사실 예루살렘은 이스라엘이라는 나라가 생기기 훨씬 전부터 팔레스타인 정치와 경제, 문화의 중심지였다. 또 종교적으로는 유대교, 기독교, 이슬람교 모두의 성지이기도 하다.

유대인들은 심판의 날에 하느님이 예루살렘에서 천국으로 갈 사람들을 데리고 간다고 믿는다. 그래서 비싼 돈을 주고 예루살렘에 묘지를 만들기도 한다. 이슬람에서는 무함마드가 예루살렘에서 천국을 다녀왔다고 믿기 때문에 예루살렘이 메카와 메디나에 이은 3대 성지이다. 또한 기독교에서는 예수가 태어난 곳이 바로 팔레스타인이며, 예수가 머리에 가시관을 쓰고 십자가를 멘 채 힘겹게 걸었던 곳이 예

예루살렘 올드시티 앞에 있는 유대인 공동묘지

예루살렘 올드시티 성문 가운데 가장 아름답다고 하는 다마스커스 문과, 올드시티 안 시장 풍경

루살렘이다. 십자군 전쟁과 영화 〈킹덤 오브 헤븐〉의 주요 배경이었던 곳도 예루살렘이다.

이런 역사적이고 종교적인 유적과 주요 시설들이 동예루살렘, 그것도 올드시티 안에 많이 있다. 그런 만큼 이곳에서는 여러 가지 문제나 사건들이 많이 벌어진다.

4개의 다른 세상, 올드시티

예루살렘을 거쳐 나의 다음 목적지는 서안지구에 있는 라말라. 라말라로 가기 전에 쉬기도 하고 현지 적응도 할 겸 이틀 정도 예루살렘에 머물기로 했다.

한 게스트하우스에 들어가 짐을 풀었다. 게스트하우스는 동예루살렘의 올드시티에 있는 다마스커스 문 근처에 있었다. 성처럼 생긴 올드시티는 네모난 성벽으로 둘러싸인 오래된 도시로, 성벽의 가로와 세로가 각각 1킬로미터 정도밖에 안 되는 작은 도시이다. 하지만 그 안에는 1천여 개의 골목들이 미로처럼 얽혀 있고 그 골목을 따라 수천 개의 상점들이 모여 있다. 이러한 올드시티는 크게 무슬림 구역, 유대인 구역, 기독교인 구역, 아르메니안 구역으로 나뉜다.

성벽에는 올드시티 안으로 들어가는 문이 8개가 있는데, 그 가운데 하나인 다마스커스 문은 무슬림 구역 쪽에 있다. 그렇다면 무슬림 구역에는 무슬림들만 들어갈 수 있을까? 그런 건 아니다. 누구나 왔다갔다 할 수 있다. 다만 곳곳에 이스라엘 군인과 경찰들이 순찰을 하고 감시를 하고 있다.

그렇다면 4개의 구역은 어떻게 구별할까? 골목을 따라 걸으면서 주위를 둘러보자. '자유 팔레스타인Free Palestine'이라고 적힌 것이 있다거나 팔레스타인 깃발이 그려진 물건들을 파는 기념품 가게가 늘어서 있다면 그곳은 무슬림 구역이다. 그러다가 어느 순간부터 이스라엘 깃발이 보이기 시작하고, '유대인Jew'이니 '이스라엘Israel'이니 하는 글자가 적힌 티셔츠를 파는 가게가 있을 것이다. 또 유대인들이 어떻게 용감하게 예루살렘을 '회복(?)'했는지를 보여주는 기념관도 있고 유대교 학교도 보일 것이다. 그러면 유대인 구역에 들어간 것이다. 또 좁은 골목을 따라 이리저리 구경하는데, 예수나 성모 마리아 모양의 물건을 많이 팔고 있는 것 같다 싶으면 기독교 구역이고, 마치 옛날 영화에 나올 법한 망토처럼 긴 옷을 입고 머리에 큰 모자를 쓴 사람들이 걸어 다니기 시작하면 아르메니안 구역이다.

올드시티 안에는 사람도 많이 살고 있고, 알 아크사 모스크처럼 중요한 건물이나 시설들도 많다(이슬람의 3대 성지 가운데 하나인 알 아크사 모스크는 무슬림들에게 정체성의 상징으로 남아있는 곳이다. 그런데 2000년 9월, 이스라엘 야당 지도자인 아리엘 샤론이 1천 명의 이스라엘 경찰을 이끌고 이곳을 방문하였다. '도발이 아닌 평화의 메시지를 전한다'는 명분을 내세웠으나, 실은 동예루살렘에 대한 이스라엘의 영유권을 강조하려는 속셈이었다. 이 일을 계기로 그동안 쌓였던 팔레스타인 사람들의 정치·경제적 불만이 폭발하였고 2차 인티파다(민중항쟁)가 일어나기도 했다). 아무튼 예루살렘에 왔으니 알 아크사 모스크에 가보자 싶어 시장 중간에 있는 길로 들어갔다. 모스크 입구에는 역시나 이스라엘 경찰이 지키고 있었다. 어디 가느냐고 묻기에 알 아크사 모스크에 간다고 했더니 무슬림이냐고 묻는다. 아니라고 하니 외국인은 '통곡

〈예루살렘 올드시티〉

의 벽' 옆에 있는 길로 들어가야 한단다. 그냥 무슬림이라고 할 걸 그랬나 보다.

통곡의 벽 쪽으로 갔다. 흔히 서쪽 벽이라 하고, 무슬림들은 '알 부라크'라 부르는 이곳은 유대인들이 '통곡의 벽'이라 이름을 붙이면서 유명해졌다. 1967년 6월 전쟁(3차 중동전쟁)에서 이스라엘이 동예루살렘마저 점령하고서부터 더 많은 유대인들이 이곳으로 기도를 하러 몰려들고 있다.

알 아크사로 가든 통곡의 벽으로 가든 안으로 들어가려면 입구에서부터 짐 뒤짐을 당해야 한다. 이스라엘이고 팔레스타인이고 어딜

'통곡의 벽'에서 기도하고 있는 유대인들. 오른쪽 위로 알 아크사 모스크의 돔이 보인다.

가나 늘 하는 것이 검문검색이다. 검문소를 지나자 많은 유대인들이 통곡의 벽 앞에서 기도를 하고 있었다. 중간에 쳐진 작은 담을 놓고 왼쪽에서는 남자들이, 오른쪽에서는 여자들이 기도를 하고 있었다. 유대인이 아니어도 기도하는 곳에 갈 수 있을까? 그냥 멀찍이서 기도하는 모습을 볼 수도 있고, 가까이서 보고 싶으면 남자의 경우 통곡의 벽 앞에서 나눠주는 작은 모자를 써야 한다.

평화의 땅, 예루살렘에서 벌어지는 일들

올드시티를 간단히 둘러보고 필요한 것도 사서 게스트하우스로 돌아갔다가 잠깐 바람을 쐴까 싶어 다시 밖으로 나왔다. 그런데 거리가 너무 한산했다. 해가 져서 그런가 보다 했는데 조금 있으니 멀리 서예루살렘 쪽에서 무슨 소리가 들리면서 수많은 사람들이 길을 따라 걸어오고 있었다.

행렬을 보니 이스라엘 깃발이 나부끼고 경찰과 군인들도 함께 걷고 있었다. 행진하고 있는 사람들에게 무슨 일이냐고 물어보니 2천여 년 전 로마가 유대교 사원을 파괴한 날을 기념해서 예루살렘을 돌며 행진을 하고 있는 것이란다. 행렬 뒤를 따라가 보았다. 행렬만 빼면 거리는 한산했고 차들도 다니지 않았다. 경찰과 군인들이 팔레스타인 사람들의 이동을 통제했거나, 팔레스타인 사람들이 무슨 일을 당할지 모르니 알아서 거리로 나오지 않은 모양이었다. 낮 동안 보이던 그 많은 팔레스타인 사람들은 하나도 보이지 않고 유대인들만이 경찰과 군인들의 호위를 받으며 행진하는 모습을 보니 다시 한 번 여기가 팔레스타인이구나 싶었다.

문득 2006년에 있었던 일이 기억났다(나는 2006년에도 팔레스타인을 여행했다). 어느 날 자파 문(올드시티 8개 성문 가운데 하나) 주변에서 옥수수 삶은 것도 사먹고 잔디밭에 누워 빈둥거리고 있는데 갑자기 다마스커스 문 근처에서 '펑' 하는 소리가 났다. 일이 터졌구나 싶어 얼른 달려가 보니 역시나 이스라엘 군인과 경찰들이 곤봉을 들고 뛰

어다니며 팔레스타인 사람들을 향해 휘두르고 있었다. 그리고 팔레스타인 사람들이 모여 있는 쪽을 향해 최루탄을 마구 쏘아댔다.

군인들이 버스정류장 쪽으로 뛰어가기에 따라가 봤더니 마침 학생들 하교 시간이라 정류장에는 가방을 멘 학생들이 많았는데, 남학생들은 일이 터지자 얼른 도망을 갔고, 여학생들만 최루탄 날리는 버

군인들이 까닭 없이 걷어 차버린 야채들을 정리하는 노점상 할머니들과
언제 그랬냐 싶게 빠르게 일상으로 돌아가는 팔레스타인 사람들…
"그런 공격이 있었는데 어떻게 그렇게 빨리 일상으로 돌아가나요?
점령이 너무 오래 되어서 그런 건가요?"
"맞아요, 벌써 60년이 다 되어 가요.
그리고 예루살렘뿐만 아니라 다른 도시도 마찬가지예요.
도시 한쪽에서 공격이 벌어지고 사람이 죽어도
다른 한쪽에서는 일상생활이 계속돼요.
아무도 우리의 일상생활을 멈출 수는 없어요."

스정류장에서 안절부절못하고 있었다. 그 와중에 한 팔레스타인 남자가 손이 뒤로 묶인 채 끌려오고 있었고, 이스라엘 군인들은 지나는 사람들에게 닥치는 대로 곤봉을 휘두르며 발로 찼다. 사람들은 최루탄이 매워 콜록거리고.

가장 기억에 남는 것은 몇몇 할머니들이 길거리에 야채를 내놓고 팔고 있었는데 한 이스라엘 군인이 야채 꾸러미를 군홧발로 뻥 차버리는 것이었다. 순간 야채 꾸러미가 하늘로 솟았다가 툭 하고 떨어졌다. 얼른 야채를 주워 모으는 할머니, 당황해 어쩔 줄 모르는 할머니, 화가 나서 소리치는 할머니. 그 모습을 찍었더니 이스라엘 군인이 욕을 하면서 찍지 말라고 했다. 잘못한 줄을 알기는 아는가 보았다.

언젠가 어느 기독교인 모임에서 강연을 한 적이 있다. 한창 팔레스타인 사람들의 힘겨운 삶과 예루살렘에 대해 이야기를 하고 있는데 어떤 사람이 이렇게 말했다.

"나도 예루살렘에 가봤는데 아무 일 없던데요."

그 사람의 말도 맞다. 왜냐하면 단순 여행이나 성지순례를 목적으로 정해진 길만 다니면 그야말로 별일 없이 다닐 수 있기 때문이다. 총을 메고 무리지어 다니는 이스라엘 군인들도 평소에는 아무렇지 않다. 예루살렘에 가서 그 군인들과 함께 사진을 찍자고 해보라. 아마 웃으면서 그렇게 하자고 할 것이다. 문제는 그 군인들이 일이 터지거나 명령이 떨어지면, 팔레스타인 사람들이 행진이나 시위를 하면, 그

안타깝게도, 길거리에서 벌어지는 이스라엘 군인들의 욕설과 구타, 체포는
팔레스타인 사람들에게 생활의 일부가 되어 버렸다.

리고 밤이 되면 완전히 얼굴을 바꾼다는 사실이다. 점령군의 모습을 확실하게 보여주는 것이다.

이런저런 복잡한 생각을 하며 게스트하우스로 돌아왔다. 방문을 열자 더운 기운이 확 몰려왔다. 내일이면 라말라로 가 본격적으로 팔레스타인 생활을 시작할 것이다. 7월의 더운 예루살렘의 밤이 그렇게 지나가고 있었다.

팔레스타인 시골 아저씨, 와엘을 만나다

2006년, 장벽 공사가 한창 진행 중이던 칼란디아 검문소 주변 모습

예루살렘을 떠나 라말라에 있는 팔레스타인 청년 단체인 YDA(Youth Development Association:청년발전협회) 본부 사무실로 향했다. 거기서 앞으로 세 달 동안 신세 지게 될 사람을 만나기로 되어 있었다.

라말라로 가기 위해서는 먼저 칼란디야로 가야 한다. 게스트하우스에서 주섬주섬 짐을 챙겨서는 버스터미널로 갔다. 사람들에게 칼란디야 가는 버스가 어느 것인지 물어보니 가르쳐준다. 그런데 옆에서 이야기를 듣고 있던 한 사람이 내게 어디 가냐고 물었다. 칼란디야라고 했더니 혹시 칼란디야를 거쳐 라말라로 가냐고 물었다. 그렇다고 대답하자 그러면 칼란디야로 가는 버스 말고 라말라로 곧장 가는 버스를 타라고 했다. 약간 놀라웠지만 라말라로 바로 가는 버스가 새로 생겼나 보다 하고는 그 사람이 알려준 버스를 탔다.

20분쯤 가니 칼란디야가 보이기 시작했다. 2006년에 왔을 때는 버스를 타고 가다가 칼란디야에서 모두 내려 검문소를 지난 뒤 다시 쎄르비스(마을버스 같은 역할을 하는 승합차)를 타고 라말라로 갔는데, 이제 보니 길도 새로 생기고 검문소 운영방식이 바뀌어 버스를 탄 채 검문소를 지나는 것이었다.

그런데 한국에서 팔레스타인으로 떠나기 전, 나는 YDA에서 활동하는 몬타하에게 "예루살렘에서 칼란디야를 거쳐 라말라로 가면 되죠?"라고 물어보았다. 몬타하는 맞다고 했다. 이상하다 싶어 가만 생각해보니 서안 지구에 사는 팔레스타인 사람들 가운데 예루살렘을 오갈 수 있는 사람은 아주 드물고 대부분은 서안 지구 안에서만 살기 때문에 예루살렘에서 라말라로 가는 길이 어떻게 바뀌었는지 잘 모를

수도 있겠다 싶었다.

서안 지구는 아래위로 길게 생겼는데, 맨 아래쪽에 있는 헤브론(아랍어로는 칼릴)에 사는 사람들은 위쪽에 있는 제닌에 갈 일이 거의 없다. 거꾸로 위쪽에 있는 칼킬리야나 툴카렘에 사는 사람들은 아래쪽에 있는 베들레헴에 갈 일이 거의 없다. 더구나 가자 지구와 서안 지구 사이는 이스라엘이 가로막고 있어 양쪽의 팔레스타인 사람들이 오갈 수도 없다. 그렇다 보니 오히려 외국인인 내가 서안 지구 위쪽에 사는 사람에게 서안 지구 아래쪽이 어떻게 생겼는지 말해줘야 하고, 서안 지구에 사는 사람에게 가자 지구에서 무슨 일이 있었는지를 말해줘야 하는 형편이었다. 아무튼 나는 버스를 갈아타지 않고 한 번에 라말라로 갔다.

이 전화기 쓰세요

예나 지금이나 라말라는 사람들로 북적거렸다. 팔레스타인 사람들이 원하는 것 가운데 하나가 팔레스타인이 나라를 세워 예루살렘을 수도로 삼는 것이다. 하지만 이스라엘이 '나라를 세우는 것도, 예루살렘을 수도로 삼는 것도 안 돼!' 하고 있어 지금은 라말라

팔레스타인 자치정부가 있는 라말라. 사자 상 뒤로 짝퉁 스타벅스 까페가 보인다.

에 자치정부 청사가 있을 뿐이다. 그렇다 보니 라말라는 자연히 팔레스타인의 정치 중심지가 되었는데, 정치뿐 아니라 경제와 문화, 교육의 중심지이기도 하다. 실제로 각종 정당이나 사회단체의 본부가 대부분 라말라에 있다.

한국으로 치면 서울과 비슷한 라말라는, 지방에서 서울이라고 하면 크고 화려하고 일자리도 많고 교육 수준도 높다고 생각하는 것처럼 팔레스타인 사람들도 라말라를 그렇게 생각한다. 라말라로 일자리를 구하러 오기도 하고 대학을 다니러 오기도 한다. 또 라말라에는 토박이보다는 다양한 지역에서 온 사람들이 많아 익명성이 보장되기 때문에 행동하는 것도 좀 자유롭다. 다만 아파트나 가게 임대료와 물가가 무척 비싸다. 시골에서 1.5셰켈(약 500원) 하는 필라펠 샌드위치가 라말라에서는 5셰켈(약 1,700원) 가까이 하기도 한다.

라말라에 도착해 YDA 본부로 전화를 하면 누군가가 나를 마중 나오기로 되어 있었다. 시내 한가운데 있는 아랍은행 앞에 짐을 내려놓고 주변을 둘러보니 파란색 카드 공중전화기들이 '저를 찾아주세요' 하며 속삭이는 것 같았다. 그런데 경험으로 볼 때 팔레스타인에서는 공중전화기 가운데 되는 것보다 안 되는 것이 더 많다. 하지만 열심히 찾다 보면 되는 전화기를 만날 수도 있다.

먼저 공중전화 카드를 사기로 했다. 그런데 팔레스타인의 더운 여름 한낮에 이 가게, 저 가게 열심히 다니며 전화카드 있냐고 물어봐도 모두 없다고 했다. 우째 이런 일이! 이리저리 두리번거리고 있는데 어떤 팔레스타인 사람이 다가와서는 "뭘 찾으세요?"라고 물었다.

아이들의 환한 웃음은 남루한 난민촌 골목을 순식간에 따뜻한 풍경으로 바꾸어 놓는다.

"전화카드를 사야 하는데 파는 곳이 없네요."

그 사람은 얼른 자기 휴대폰을 꺼내더니 "이 전화기 쓰세요." 했다. 어찌나 고맙던지! 그런데 이게 무슨 운명의 장난인지 아무리 뒤져봐도 전화번호를 적은 쪽지가 보이지 않았다. 할 수 없이 고맙고 미안하지만 전화번호 적은 종이가 없어져서 지금 전화를 할 수 없다고 말해야 했다.

한참 뒤 겨우 전화번호 적은 쪽지를 찾아 들고 다시 전화카드를 사기 위해 돌아다녔다. 마침 한 가게에 들어가니 전화카드는 없지만 1세켈(약 340원)을 넣으면 전화를 할 수 있는 동전 전화기가 있었다. 자신 있게 1세켈을 넣고 몬타하에게 전화를 걸었다. 몬타하가 받았다. 그런데 "여보세요, 미니예요."라고 몇 번을 말했지만 몬타하는 내 목소리를 못 듣는 것 같았다. 몇 번 시도하다가 이 전화기도 고장인가 보다 하고는 가게를 나왔다. 다시 열심히 다른 데를 찾아보니 한 가게에 동전 전화기가 있었다. 이번에는 제발 걸려라 빌면서 전화기 앞에 다가섰더니 가게 아저씨가 친절하게도 "저쪽에서 '여보세요'라고 하면 이 단추를 눌러야 통화가 돼요." 하면서 자세히 가르쳐주었다. 아차 싶었다. 팔레스타인 동전 전화기는 저쪽에서 응답을 하면 이쪽에서 '통화' 단추를 눌러야 통화가 시작된다는 것을 잊었던 것이다.

그렇게 몬타하와 통화를 하고 아랍은행 앞에서 기다리고 있으니 YDA에서 활동하고 있는 마흐무드란 사람이 나를 데리러 왔다. 아랍은행에서 YDA 사무실까지는 겨우 150여 미터밖에 되지 않아 힘들지 않게 짐을 끌고 갈 수 있었다.

당황스러웠던 첫 만남

사무실에 들어가니 몬타하가 반갑게 맞이했다. 그동안 YDA와 한국의 〈팔레스타인평화연대〉는 여러 가지로 인연을 맺고 있었다. YDA가 세계 여러 나라의 관련 단체에 팔레스타인 어린이와 청소년을 위한 국제 연대를 하자고 제안했고 한국에서도 집회와 캠페인을 열었다. 또 한국의 팔레스타인 관련 단체들이 집회나 행사를 열면 YDA에서 팔레스타인 어린이들의 동영상이나 연대 메시지를 보내주기도 했다. 이런 일들을 진행하는 과정에서 실무적인 일을 할라라는 친구와 내가 처리하는 경우가 많았다. 그래서 이번 방문에 대해서도 처음에는 할라와 이야기를 나누었다. 그런데 할라가 일이 생겨 한 달 정도 스페인에 가는 바람에 몬타하가 도와주기로 한 것이다.

몬타하를 따라 안쪽 방으로 들어가니 나시프와 탈랄이 반갑게 맞이해주었다. 나시프는 2006년 팔레스타인 여행 때 나를 먹여주고, 재워주고, 이리저리 안내도 해주던 친구다. 내게는 그야말로 은인이라고 해도 모자람이 없다. 그리고 탈랄은 나시프의 소개로 알게 된 YDA 활동가였다. 내게는 소중하고 좋은 기억으로 남아 있는 두 사람을 3년 만에 다시 만나니 너무나 반가웠다.

그런데 탁자 주위에 앉아 있는 사람 가운데 전혀 알 수 없는 사람이 한 명 있었다. 몬타하가, 오늘 YDA에 오면 나를 데려갈 농민을 만날 것이라고 했기 때문에 아마도 그 사람인가 싶었다. 역시나 탈랄이 나를 데리러 온 와엘이라고 소개했다. 그러면서 내가 한동안 지낼 '데이르 알 고쏜'이라는 작은 시골 마을의 YDA 책임자라고 했다. 와엘은 덩치가 무척 컸고, 날씨가 더워 그런지 땀을 많이 흘리고 있었다. 나이는 나보다 꽤 많아 보였지만 실제로는 나와 비슷한 마흔 전후일 것 같았다. 와엘은 조금 긴장되는지 계속해서 담배를 피우고 있었다.

와엘과 연결된 사정은 이렇다. 팔레스타인에 가기 전, 나는 한국에서 YDA 본부로 이메일을 보냈다. 언제부터 언제까지 있을 계획이고, 이번에는 여기저기 다니기보다 한곳에 머물며 팔레스타인 사람들과 함께 지내고 싶고, 도시보다는 농촌에서 머물고 싶다고 했다. 그러자 얼마 안 있어 답이 왔는데, 한 농민이 나를 맞이하겠다는 내용이었다. 나로서는 고마울 따름이었다.

이메일로 의견을 나눌 때 나는 두 가지를 이야기했다. 하나는 돈 문제였다. 하루 이틀도 아니고 여러 날 머무는데 너무 폐를 끼치면 안 되겠다 싶어 많지는 않지만 약간의 돈을 낼 수 있다고 했다. 답이 온 것은 그 농민이 돈은 안 받겠다고 한다는 내용이었다. 이미 이런 말이 오가긴 했지만 그래도 혹시나 싶어 옆에 앉아 있던 나시프에게 살짝 돈 이야기를 꺼냈다.

"나시프, 사실 여기 오기 전에 돈에 관한 이야기를 했는데 저 분이 안 받겠다고 했어요. 그래도 어떻게 해야 할지…."

나시프가 아랍어로 와엘과 소곤소곤 이야기를 나누더니 내게 말을 전해주었다.

"돈을 받는 건 있을 수 없는 일이라는데…."

짐작대로였다. 길거리에서 두리번거리고 있으면 다가와 뭐 도와줄 거 없냐고 묻고는 자기 전화기를 내미는 사람들인데, 자기 집에 온 손님에게 돈을 받을 가능성은 거의 없다고 봐야 할 것이다. 돈 이야기는 그렇게 일단락되고 말았다.

팔레스타인에 오기 전 이메일로 했던 두 번째 이야기는, 내가 아랍어를 전혀 못하니 같이 지낼 사람이 잘은 아니어도 간단한 영어는 할 수 있는 사람이면 좋겠다는 내용이었다. 그런데 둘러앉아 이야기를 하는데 와엘은 영어를 한마디도 못했다. 난감했다. 물론 아랍어를 쓰는 사람이 영어를 못하는 것은 전혀 이상한 일이 아니다. 한국 사람들이 학교를 오래 다녀도 외국인이 와서 영어로 뭐라고 하면 "아임 낫 잉글리쉬."라며 말도 안 되는 영어를 내뱉으며 도망가듯 말이다. 하지만 문제는 무려 석 달을 같이 생활해야 하는데 와엘은 영어도 한국어도 못하고, 나는 아랍어를 못하니 도대체 어떻게 대화를 할까 싶었다.

이번에 팔레스타인에 갈 때 도시가 아닌 시골로 가겠다고 한 까닭 가운데 하나도 말 때문이었다. 한국이든 팔레스타인이든 도시는 도시다. 도시 사람들은 바쁘다. 오랜 시간 지긋이 무엇을 함께하기가 쉽지 않다. 그에 비해 시골 사람들은 덜 바빠 함께할 시간이 많다. 또 말이 안 통할 때 좋은 방법은 함께 일을 하는 것이다. 그런데 도시에 있는 시민단체 사무실에서는 내가 함께할 수 있는 일이 별로 없다. 그런 까닭에 시골에 가서 그곳 사람들이 하는 일을 거들면서 함께 지내다 보면 말이 아니어도 함께 느낄 수 있는 것이 많지 않을까 싶었던 것이다. 그런데 아무리 손짓 발짓으로 이야기를 한다고 해도 전혀 말이 통하지 않으면…? 앞으로 벌어질 일이 기대되는 순간이었다.

작은 시골 마을에 짐을 풀다

　　　　　와엘과 함께 짐을 나눠들고 YDA를 나섰다. 우리가 가는 곳은 데이르 알 고쏜(Deir al Ghosson)이라는 서안 지구 북쪽에 있는 작은 마을이다. 말이 안 통하니 와엘이 손짓으로 이리 가자고 하면 그저 씨익 웃으며 따라갔다.

　　데이르 알 고쏜으로 가려면 먼저 툴카렘으로 가야 하니 당연히 쎄르비스를 탈 거라고 생각했다. 그런데 차들이 세워져 있는 길을 걸어가던 도중 와엘이

서안 지구 북쪽의 작은 시골 마을 데이르 알 꼬쑨

어떤 차를 가리키며 타라고 했다. 반짝반짝 빛나는 새 차였다. 나를 데리러 차가 와 있는 것도 신기했지만 반짝거리는 새 차여서 깜짝 놀랐다. 팔레스타인에서 굴러다니는 차들은 대부분이 고물이기 때문이다. 그래서 '아… 와엘은 농민 중에서도 형편이 괜찮은 사람인가 보다' 했다(이 차의 비밀은 나중에 밝혀진다).

어쨌거나 무더운 중동의 여름 한낮에 에어컨 바람을 쐬며 시원하게 달렸다. 우리나라 사람들 운전 습관이 험하다고들 하지만 팔레스타인에서 운전을 해보면 아마 한국 사람들은 참 순한 사람들이라는 생각이 들 것이다. 그리 넓지도 않은 길을 요리조리 왔다갔다하며 앞지르고, 앞차 뒤꽁무니에 바짝 붙어 달릴 때는 나도 모르게 창틀의 손잡이를 꽉 붙잡았다.

한참 달리다 속도를 늦추기에 다 왔나 싶었더니 어떤 가게 앞에 차를 세웠다. 무언가를 사려는 것 같아 민폐를 적게 끼치기 위해 돈을 챙겨 얼른 따라 내렸다. 아니나 다를까 와엘은 냉장고에서 아이스크림 2개를 꺼냈다. 내가 돈을 내려고 했더니 와엘은 손사래를 치며 자기가 돈을 냈다. 시원한 아이스크림을 먹으며 다시 달리다 보니 길가에 '툴카렘(Tulkarem)'이라는 글자가 보이기 시작했다. 다른 말은 안 되니 그저 큰 소리로 "툴카렘?" 하며 아는 체를 하니 와엘이 기특하다는 듯 웃으며 맞다고 했다.

잠시 뒤 와엘은 어떤 식당 앞에 차를 세우더니 내리라고 했다. 식당 앞에 차를 세웠으니 무얼 하자는 것인지는 굳이 말하지 않아도 알 것이다. 식당에 앉았다. 다음 순서는 당연히 무얼 먹을지 선택하는 것이겠지. 나는 필라펠 샌드위치를 먹겠다고 했고 와엘이 이것저것 음식을 시켰다. 음식이 나왔으니 먹어야 할 것이다. 우리는 그저 '손짓으로' 서로 먹으라는 시늉을 하면서 웃었다.

옆에서 밥을 먹고 있던 팔레스타인 사람들이 신기한지 계속 우리 쪽을 쳐다보며 이야기를 했다. 그러다가 눈이 마주치면 살짝 웃기도 하고. 그도 그럴 것이 툴카렘은 서안 지구에서도 북쪽에 있는 작은 도시여서 외국인이 올 일이 많지 않은데다, 무엇보다 텔레비전에서나 볼 수 있는, 중국인이나 일본 사람처럼 생긴 사람을 직접 봤으니 오죽이나 신기할까!

밥을 먹고 다시 차를 타고 한참 달려 와엘이 살고 있는 데이르 알 고쏜이라는 시골 마을에 도착했다. 와엘 집에 머물기로 하고 온 것이기 때문에 와엘이 자기 집의 방 하나를 내어주는 줄 알았다. 그런데 막상 와보니 방 하나가 아니고 아예 집을 하나 내주는 것이었다. 여동생이 살던 곳인데 지금은 결혼해서 요르단에 살기 때문에 비어 있다고 했다. 그러면서 방뿐만 아니라 집 안에 있는 모든 것을 자유롭게 쓰라는 말도 했다. 비어 있는 집이라고 하니 그냥 그런 줄 알았다. 그런데 모든 가구의 상태며 냉장고에 들어 있는 달걀을 비롯해 먹을거리들을 보니 바로 몇 시간 전까지 사람이 살던 집 같았다.

순간 내가 이런 극진한 대접을 받아도 되는지 당황스러우면서도 나를 기다리며 집 안을 정리하고 냉장고를 채웠을 손길을 생각하니 마음 한구석이 따스하게 번져왔다. 나의 팔레스타인 시골 생활은 이렇게 조금씩 시작되고 있었다.

데이르 알 고쏜의 친구들

데이르 알 고쏜에 온 순간부터 나는 '보호 받는' 신세가 되었다. 때 되면 사람들이 나를 데리러 와서 여기저기 데리고 다니고, 때 되면 먹을 것을 준비해서 나를 먹였다. 휴지를 사러 가게에 갔는데 전날 처음 인사한 사람이 휴지며 아이스크림 값까지 모두 자기가 내겠다고 했다. 아이고 죽겠다!

그러다가 오늘은 와엘이 일하고 있는 칠면조 농장에 갔다. 칠면조 농장은 마을 끝에 있었는데 와엘의 집에서 걸어가면 15분쯤 걸렸다.

도시의 매연과 화장품 냄새에 익숙한 내가 처음 칠면조 농장에 가서 맡았던 냄새는 간단한 것이 아니었다. 하지만 이미 시골 사람들과 함께 생활하겠다고 온 마당에 냄새 때문에 칠면조를 멀리할 수는 없어 수백 마리의 칠면조가 바글거리는 칠면조 우리 안으로 들어갔다. 농장 입구에 있던 송아지가 침을 줄줄 바르며 까끌까끌한 혀로 내 손을 핥을 때도 가만히 있었다.

전날에는 칠면조 18마리가 갑자기 병에 걸려 죽는 바람에 수의사

외엘이 일하는 칠면조 농장. 건물 외편 1층에서
칠면조를 잡고 2층은 휴게실. 오른쪽 축사에는 칠면조들이 산다.

가 왔는데, 수의사가 칠면조 배를 가르고 내장을 헤집으며 상태를 살피는 동안에도 옆에서 같이 지켜보았다. 낯설기도 하고 비위가 상하기도 했지만 아무렇지 않은 척했다. 이유는 간단했다. 이곳 사람들과 좀 더 가까워지고 싶어서였다. 그들에게는 생활이고 삶의 일부인 일들을 냄새나고 보기 힘들다고 멀리하면 이 사람들과 가까워지는 데 더 많은 시간을 필요하게 만들 뿐이니까.

동네 사랑방, 와엘의 집

와엘의 집은 농장 일꾼인 무함마드 말고도 마흐무드와 아셈(마흐무드 동생), 마제드, 오베이드, 이합(세 명 모두 같은 고등학교 3학년 남학생들이다)을 비롯해 늘 함께 놀고, 밥도 같이 먹고, 잠도 같이 자는 스무 살 전후의 동네 청년들로 바글거린다.

와엘과 함께 농장 일을 하는 무함마드는 '군바리 머리'를 하고 있는데, 칠면조 농장의 힘든 일을 도맡아 하는 성실한 일꾼이다. 게다가 운전을 잘하기 때문에 칠면조를 실어 나르거나 친구들을 태우고 어디를 갈 때면 늘 무함마드가 나선다. 한편 마흐무드는 얼마 전에 고등학교를 졸업했고 YDA 회원이기도 한데 와엘과 함께 언제나 내 곁에 찰싹 달라붙어 나를 도와주고 챙겨준다. 어떤 날은 같이 먹고, 같이 다니고, 같이 자다 보니 24시간 붙어 있을 때도 있다.

마흐무드의 동생 아셈은 인도 영화를 좋아해서 와엘 집에만 오면 인터넷 유튜브를 통해 동영상을 본다. 오베이드는 겉모습만 봐도 깔끔한 모범생 스타일인데 말하는 것이나 움직이는 모습이 차분하기 그지없다. 이합은 학교 마치면 꼭 와엘 집에 들렀다가 집으로 가는데,

함께 놀고 함께 일하던 팔레스타인 친구들
왼쪽부터 아셈, 이합, 와엘, 마흐무드. 서서 악수를 청하고 있는 무함마드와 누워 있는 나

들러서는 꼭 담배 한 대를 피우고 간다. 담배 피우다가 아버지에게 걸리면 죽는다며 절대 말하지 말라고 늘 신신당부를 한다.

마제드는 삐쩍 마른 몸에 나보다 한참 키가 커서 내 옆에 서면 어른과 아이 같다. 말도 어른처럼 느릿느릿, 걷는 것도 느릿느릿하다. 우리 식으로 하면 고3쯤 되는 아셈과 오베이드, 이합은 졸업하면 대학에 갈 것이라 하는 반면, 마제드는 공부에 취미가 없다며 곧바로 경찰이 되는 길을 가겠다고 하는 중이다.

마지막으로 와엘은 그야말로 마음씨 좋은 동네 아저씨로, 혼자 사는 와엘의 집은 이들의 사랑방인 셈이다. 와엘은 이들에게 맛있는 것을 만들어주기도 하고, 이들은 와엘에게 필요한 것이 있으면 언제든지 도와준다. 간단한 심부름부터 농장 일까지. 그렇다 보니 나 또한 이들과 늘 함께 있게 되고, 무언가를 할 때면 나를 포함해 8명이 한 무리가 되어 움직였다. 이런 상황이니 한 명이라도 안 보이면 서로 어디 갔냐고 찾고 난리다.

마음을 전하는 대화

그렇다면 나는 이들과 어떻게 대화를 나눌까? 내가 아는 아랍어라고는 단어 20개 정도뿐이다. 그런가 하면 와엘을 비롯한 친구들은 모두 아랍어밖에 할 줄 모른다. 데이르 알 고쏜 같은 작은 마을에서 영어로 이야기를 나눌 수 있는 사람을 만나기란 쉽지 않다. 그래서 영어를 할 줄 아는 사람을 잠깐이라도 만나게 되면 왠지 얼른 뭐라도 물어봐야 할 것만 같은 조바심이 들 정도다.

대부분의 이야기는 간단한 영어와 아랍어 단어 몇 개, 그리고 표정, 몸짓, 눈빛으로 이루어진다. 예를 들면 이런 식이다. 어느 날 마흐무드가 핸드폰에 저장된 사진을 보여주었다. 거기에는 멋진 그림이 담겨 있었고, 그림을 그린 사람의 사진도 있었다. 화가를 가리키며 데이르 알 고쏜이라고 하는 걸 보니 화가가 이 동네에 살고 있다는 뜻 같았다. 나는 화가를 만나고 싶다는 마음을 이렇게 전했다.

먼저 그림을 찍은 사진을 가리키고, 다음에는 화가를 가리켰다. 그 다음에는 손바닥으로 내 가슴을 두드리고 나서 손가락 두 개를 펴서 내 눈을 두어 번 가리켰다. 그렇게 내 마음을 전했고 결국 일요일에 그 화가를 만나기로 했다.

서로가 아랍어나 한국어를 잘하면 좋겠지만 그럴 수 없는 상황에서 느끼는 것은 말이 잘 안 통하기 때문에 오히려 대화가 더 잘될 수도 있다는 사실이다. "알 지다르(장벽을 가리키는 아랍어) 베리 배드(very bad)!" 하면서 인상을 찌푸리거나 "이스라엘, 건(gun)!" 하면서 총 쏘는 시늉을 하는 것만으로도 서로의 감정이 오간다. "데이르 알 고쏜, 뷰티풀~!" 하면서 웃으며 엄지손가락을 치켜 올리면 팔레스타인 사람들도 활짝 웃으며 "슈크란(고맙습니다)!"이라고 대답한다. 대화라는 것이 입에서 나오는 단어를 전달하기 앞서 서로의 마음속에 담긴 것을 전하고 받는 것이니까.

어쩌면 한국에 있을 때 나는 말이 왜 있어야 하는지를 자주 잊고 살았는지도 모른다. 서로의 감정과 마음을 전하고 읽기 위해 말이 있는 것인데 그저 필요한 말, 아무런 감정도 생각도 담기지 않은 기계와 같은 말들을 너무 많이 주고받으며 살았는지도 모르겠다.

팔레스타인 연대운동도 마찬가지다. 장벽보다 더 중요한 것은 그 장벽에 갇혀 사는 사람들이고, 이스라엘군의 총격보다 더욱 중요한 것은 그 총알을 몸으로 맞아야 하는 사람들이다. 한국에서 시민운동이라는 것을 하면서 많은 것을 사건과 사업과 일로 만들고, 그러면서 정작 그 사건과 사업과 일이 있어야 하는 이유인 사람들은 잊고 살았던 것은 아닌지 돌아보게 된다. 팔레스타인에 온 지 며칠 되지 않았지만 벌써 많은 것을 배우고 있다.

'팔레스타인 연대운동'이라고 하면 외부에서 팔레스타인 사람들을 위해 무언가를 지원하거나 외국인들이 팔레스타인 사람들에게 무언가를 해주어야 한다고 생각하기 쉽다. 하지만 사실은 서로가 서로에게 영향을 주며 배우고 있다.

나는 마음 따뜻한 사람들이 있고, 내 삶을 되돌아볼 기회가 있고, 시원한 바람과 맛있는 음식이 있는 이곳 팔레스타인이 좋다. 낮잠 잘 때 개미가 자꾸 깨무는 것만 빼면.

저녁 하늘에 노을이 지듯
사람이 사람의 가슴에 물드는 것
연대란 그런 것이 아닐까

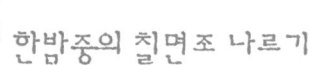
한밤중의 칠면조 나르기

　　　　와엘의 칠면조 농장은 내가 자주 가서 시간을 보내는 곳이고, 나와 주로 어울리는 사람들이 일하는 곳이기도 하다. 팔레스타인에 칠면조 농장이 있다고 하면 좀 색다르게 들릴지도 모른다. 나도 처음에는 '팔레스타인에 웬 칠면조 농장?' 했다. 수천 마리의 칠면조가 몇 개의 우리에서 구룩구룩 소리를 내고, 그 옆에는 소와 염소, 양도 몇 마리 살고 있다. 병든 칠면조를 따로 모아둔 곳 옆에는 닭도 몇 마리 있다. 처음에는 칠면조 냄새도, 칠면조 소리도 익숙지 않았는데 이제는 귀여운 친구처럼 느껴진다.

　처음 내가 농장에서 일하는 친구들에게 가졌던 불만 가운데 하나는 죽은 칠면조를 농장 근처에 툭 버려두지 말고 땅에 묻었으면 하는 것이었다. 주위에 널리고 널린 것이 땅인데 말이다. 물론 이제는 그것마저도 그저 그런가 보다 한다.

　어젯밤에는 한 우리의 칠면조들을 다른 우리로 옮기는 일을 했다. 작은 우리에 많은 칠면조들이 살다 보니 이리저리 몸이 닿으면서 병

칠면조 농장의 듬직한 일꾼, 내 친구 무함마드

들고 죽는 일이 생겨 좀 더 큰 우리로 옮긴 것이다. 그런데 이런 일이 있을 때면 친구들은 내게 같이 하자는 말을 하지 않는다. 팔레스타인에서 칠면조 농장일은 더럽고 힘든 일로 여겨지기 때문이다. 그래서 나는 이미 일이 시작되고 친구들이 일하는 모습을 보고 나서야 '아, 오늘은 칠면조 옮기는 일을 하는구나' 라고 알게 될 때가 많다.

이때 내가 그들과 어울리는 방법은 같이 일을 하는 것이다. 일을 하기 위해 어울리는 것이 아니라 어울리기 위해 일을 하는 셈이다. 하지만 간단한 일은 아니었다. 이제 겨우 칠면조들을 가까이서 보는 것에 익숙해졌는데, 도망 다니는 칠면조들을 쫓아가 허리를 숙이고 다리를 낚아채야 했으니 말이다. 처음에는 뒤뚱거리며 도망가는 칠면조 다리를 잡으려다 다리에 손만 댈 뿐 꽉 잡지를 못했다. 몇 번 실패를 하고 나니 땀 흘리며 일하고 있는 친구들에게 부끄러웠다. 친구들이 '내 그럴 줄 알았다. 안 해도 되는 일을 괜히 해 가지고⋯.' 하는 눈빛으로 쳐다보는 것만 같아 오기도 났다.

나는 좀 느려 보이는 칠면조 한 마리에게 살살 다가가 냅다 다리를 낚아챘다. 순간, 가장 먼저 느낀 것은 칠면조 다리가 따뜻하다는 것이었다. 하지만 따뜻함을 채 느끼기도 전에 칠면조가 날개를 퍼덕이며 달아나려고 발버둥쳤다. 손에 힘을 더 주니 칠면조도 그 큰 날개를 더 세게 퍼덕였다. 바람이 일고 먼지가 날렸다. 칠면조가 얼마나 크고 힘이 센지 다리를 잡아보지 않은 사람은 모를 것이다.

그렇게 해서 처음으로 칠면조 한 마리를 우리 밖으로 꺼냈다. 왠지 뿌듯한 기분이 들고 친구들도 박수를 쳐주었다. 그때부터 용기도 생기고 요령도 생겨, 처음에는 한 마리만 겨우 잡아 옮겼는데 나중에는 한 손에 한 마리씩, 더 나중에는 한 손에 두 마리씩 잡아 옮겼다.

어느 정도 칠면조를 옮기고 난 뒤 모두들 잠시 쉬었다. 바위 위에 쪼그리고 앉아 같이 담배를 피우고 있는데 마흐무드가 핸드폰으로 노래를 틀었다. 핸드폰에서 쿵짝쿵짝 노래가 흘러나오자 마제드가 춤을 추기 시작한다. 우리나라 사람들은 '노래는 노래방에서, 춤은 클럽에서'란 생각이 강한데, 팔레스타인에서는 수시로 곳곳에서 춤과 노래 판이 벌어진다.

칠면조를 나르느라 땀을 흘려 웃옷을 벗고 있던 우리는 노래가 나오자 달빛 아래에서 함께 춤을 추었다. 내 춤 실력이야 엉망이지만 어울리기 위해 일을 하듯 어울리기 위해서 춤을 추었다. 그들과 함께 무엇을 할 수 있다는 것이 얼마나 내게 좋은 것으로 다가왔는지…

부드러운 감성의 소유자, 내 친구 마흐무드

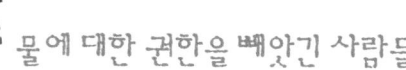
물에 대한 권한을 빼앗긴 사람들

하루는 와엘이 샤워를 하러 욕실에 들어갔다. 그런데 조금 있다 욕실에서 와엘이 조카 오마르를 부르는 소리가 났다. 그러자 오마르의 형 압델이 달려왔다. 압델은 마루에 있던 소파를 밀어내더니 바닥에 있는 뚜껑을 열고 전선을 연결했다. 그러자 갑자기 기계 돌아가는 소리가 나기 시작했다.

"압델, 무슨 일이에요?"
"와엘 삼촌이 샤워하고 있는데 물이 끊어졌어요."
"그럼, 저거는?"
"아, 지하수 펌프예요."

사정은 이렇다. 데이르 알 고쏜의 물은 지방정부, 그러니까 한국으로 치면 면사무소에서 지하수를 끌어올려 집집마다 공급한다. 그런데 지하수를 끌어올리는 기계가 고장 난 것이다. 이런 상황을 대비해 집집마다 따로 펌프를 설치해두고 있었다.

중동의 물 문제라고 하면 당장 물이 모자라 마실 물도 없는 것처럼 생각할지 모른다. 하지만 팔레스타인 지역의 대부분은 그렇지는 않다. 물의 절대량이 모자라는 것보다는 물을 어떻게 관리하고 쓰느냐가 더 심각한 문제다.

이 마을 데이르 알 고쏜의 경우도 팔레스타인 사람들이 물을 퍼올리기는 하는데, 그 양을 결정하는 것은 이스라엘이다. 한 해 동안 얼마만큼의 물을 퍼올리라고 정해주고 그 이상은 못 쓰게 하는 것이다. 또 농민들이 우물 하나를 파려고 해도 이스라엘의 허가를 받아야만 한다. 물론 이스라엘은 허가를 잘 내주지 않는다.

이스라엘 회사가 아예 물을 직접 공급하기도 하는데, 큰 도시의 경우는 그나마 사정이 나은 편이고 작은 마을의 경우는 요일을 정해 놓고 물을 공급한다. 특히 여름처럼 물 사용이 많은 계절에는 팔레스타인 사람들에게 보내는 물의 양을 줄여 이스라엘 쪽으로 더 보내기도 한다. 서안 지구 옆에는 요르단 강이 흐르는데 이스라엘은 요르단 강물을 끌어당겨 이스라엘 사람들에게 우선 공급한다고 한다.

물로 휘두르는 폭력

팔레스타인의 많은 문제들이 그렇듯이 물 문제도 지하수든 지표수든 물 자체에 대한 문제라기보다는 그 물을 어떻게 쓸지에 대한 권한이 팔레스타인 사람들에게 없다는 것이다. 있을 것은 다 있는데 뭐 제대로 되는 것은 없다고 해야 할까? 당장 내일 어찌

물의 공급권을 쥔 채 팔레스타인의 깨끗한 물을 가져가고
그 물을 팔레스타인 사람들에게 팔아 돈을 벌면서도
하수 처리에 대해서는 나 몰라라 하고 있는 이스라엘
미사일, 총보다 더 무섭고 치사한 공격이 팔레스타인에서 계속되고 있다

될지 모르니 팔레스타인 사람들은 나름의 생존 방법으로 집집마다 펌프를 설치해두고 '만약'을 대비하고 있는 것이다.

 물 공급도 문제지만 쓴 물을 어떻게 처리하는지도 큰 문제다. 제대로 처리하지 않은 물이 이리저리 흘러다니다가 그 물이 땅속으로 흘러들어 가고, 땅속으로 흘러들어 간 물은 지하수를 더럽히고, 팔레스타인 사람들은 그 더러워진 지하수를 쓰게 된다. 가뜩이나 물에 석회질이 많아 잘 씻지 않은 오래된 주전자 바닥에는 하얀 석회 가루가 쌓이는 판국에 말이다.

 가자 지구 상황은 더 심각하다. 제대로 처리를 하지 않은 물이 바다로 그대로 흘러가는 바람에 바다까지 썩고 있다. 이스라엘은 물의 공급권을 쥔 채 깨끗한 물을 가져가고, 그 물을 팔레스타인 사람들에게 팔아 돈을 벌면서도 하수 처리는 나 몰라라 하고 있다.

 이스라엘 사람들은 자기들이 쓰고 버린 더러워진 물을 팔레스타인 사람들이 사는 쪽으로 흘려보내 팔레스타인 사람들의 땅과 물을 더럽히고 악취가 진동하게 만들고 있으니 사람이 어떻게 그럴 수 있을까 싶다. 이런 상황이니 팔레스타인에서 물에 대한 권리를 지키자는 운동이 벌어지는 것은 당연한 일일 테다.

 이스라엘은 미사일과 총으로 팔레스타인 사람들을 힘들게 하기도 하지만 이처럼 보이지 않는 곳에서 팔레스타인 사람들의 목숨 줄을 쥐고 흔들기도 한다.

이스라엘과 팔레스타인의 분쟁

이스라엘의 억지 주장

이스라엘은 2천여 년 전 자신들의 조상이 팔레스타인에 살았다는 이유로 그 땅이 자기들의 것이라 주장한다. 하지만 먼 옛날, 유대인들이 이집트에서 팔레스타인으로 이주해오기 이전에도 이미 그 땅에는 원주민들이 살고 있었다. 빈 땅이 아니었다는 이야기다. 게다가 1948년 유대인들이 팔레스타인 땅에 이스라엘이라는 나라를 세우기 이전에도(이스라엘이 수백 년 아니 수천 년은 된 나라라고 생각할지 모르지만, 실은 1948년에 건국된, 불과 60여 년밖에 안 된 신생국가다) 이미 그곳에는 수십만의 아랍인들이 조상 대대로 땅을 일구며 살고 있었다.

따라서 조상을 들먹이며 팔레스타인 땅에 대한 소유권을 주장하는 것은 마치 한민족의 선조가 만주에 살았다며 한국이 중국 보고 만주 벌판을 내어 놓으라고 하는 것이나 마찬가지다. 중요한 것은 지금 그 땅에 누가, 어떻게 살고 있느냐다.

또 역사 속의 이스라엘과 현재의 이스라엘은 이름만 같을 뿐 실제 관계는 거의 없다. 1948년 들어선 이스라엘이라는 나라는 과거의 유산이 아니라 현대의 창조물인 것이다. 따라서 그 역사도 수천 년 전이 아닌 19세기 중후반부터 시작한다.

깡패 국가, 이스라엘의 탄생

19세기 중후반, 유대인들은 전세계에 흩어져 살고 있었다. 그런데 러시아와 유럽에서 유대인에 대한 탄압이 거세어졌다. 그러자 유대인들 사이에 다양한 운동이 일어났는데, 대부분은 유대인들이 살고 있는 '러시아와 유럽에서' 유대인의 자유를 얻기 위한 것이었다. 하지만 19세기 말, 유대인들 사이에 시오니즘 운동이 일어나면서 상황은 바뀌기 시작했다. 시오니즘이란, 유대인들이 성서에서 하느님이 자기 민족에게 주겠다고 약속한 가나안 땅 곧, 팔레스타인에 유대인 국가를 세우자는 것이었다. 그즈음, 팔레스타인 지역은 500년 넘게 오스만제국이 지배하고 있다가 1차 세계대전 이후부터는 영국이 지배하고 있었다.

유대인들은 19세기 후반부터 유대인 국가를 만들겠다며 팔레스타인으로 모여들기 시작했다. 그런데 이들에게는 몇 가지 큰 문제가 있었다. 우선, 모두가 유대인이라고는 하지만 그동안 살아온 나라도 다르고 생활방식도 달랐던 것이다. 그래서 '유대인'을 새로 만들기 시작했다. 그 가운데 하나가 유대인의 언어라는, 하지만 이미 죽은 언어인 히브리어를 되살리는 것이었다.

두 번째로는, 국가를 만들기 위해서는 땅과 인구 문제를 해결해야 했다. 유대인들은 팔레스타인 땅을 사들이기 시작했다. 처음에는 단순한 토지 구매라고 생각했던 아랍인들도 1차 세계대전(1914년~1918년) 이후 유대인들이 유대 국가를 만들려고 한다는 사실을 알고는 토지 구매에 반발하기 시작했다.

그 다음은 인구 문제였는데, 첫째로 팔레스타인에서 유대인은 소수에 불과했다. 이스라엘은, 전세계에 흩어져 살던 유대인들이 약속의 땅 팔레스타인을 향해 열정적으로 몰려들었다고 선전하지만, 실제로 유럽 유대인들의 팔레스타인 이주는 소규모에 불과했다. 그러던 중, 유대인 학살과 2차 세계대전이 일어났다. 시오니즘 운동가들에게는 유대인 이주를 늘릴 수 있는 절호의 기회였다. 사실 학살을 피해 유대인들이 가장 가고 싶어 했던 곳은 미국이었다. 하지만 미국의 거부와 시오니즘 운동으로 인해 결국 많은 유럽의 유대인들이 팔레스타인으로 몰려들 수밖에 없었다.

인구 문제의 두 번째는, 팔레스타인이 아무도 살지 않는 황무지가 아니라 수십만의 아랍인들이 살고 있는 땅이었기 때문에 이들을 내쫓아야 한다는 것이었다. 유대인들은 1947년 말부터 팔레스타인에 군사 공격을 시작하였고 그곳의 아랍인들을 살인·강간·폭행하였다. 아랍인들은 살기 위해서라도 고향을 떠날 수밖에 없었다.

결국 1948년 5월 14일, 영국이 팔레스타인 지배를 포기하고 떠나자 유대인들은 팔레스타인 땅에 이스라엘 건국을 선포했다. 그러자 다음날인 5월 15일, 이스라엘과 주변 아랍 국가들 사이에 전쟁이 시작되었다. 아랍 국가들은 겉으로는 팔레스타인 해방을 내세웠지만 속내는 달랐다. 요르단은 이미 이스라엘이 건국되기 전에 유대인과의 협상을 통해 팔레스타인 땅을 나눠 가지기로 약속하였고, 이집트도 팔레스타인 해방보다는 전쟁을 계기로 중동 지역에서의 영향력 강화를 노렸다. 또 이라크는 자국 군인들을 파병하면서도 유대인들과 싸우지는 말라고 지시했던 것이다.

그리고 이듬해 1949년, 아랍 국가들의 공격으로부터 자신을 방어하기 위해 헌신적으로 싸웠다는 이스라엘이 만든 신화와, 팔레스타인을 지원하기 위해 전쟁에 뛰어들었다는 아랍 국가들의 거짓말 속에 양측은 휴전을 맺었다. 결국 이 전쟁을 통해 이스라엘은 팔레스타인 영토의 78%를 차지하게 되었고, 팔레스타인 난민들은 이스라엘이 점령하지 못한 가자 지구와 서안 지구는 물론 요르단, 레바논, 시리아 등으로 피난을 떠났다. 이것이 지금 이스라엘-팔레스타인 문제의 뿌리인 것이다.

작은 시골 마을의 낯선 외국인

팔레스타인에서는 날이 더우니 밤에 무언가를 하는 사람들이 많다. 집을 지을 때도 한창 더운 낮에는 일을 하기가 어려우니 밤에 불을 켜놓고 하기도 한다. 그렇다 보니 밤에 일을 하고 새벽에 잠자기 시작해서 느지막이 일어나 밥 먹고 오후 늦게부터 다시 하루를 시작하는 경우가 많다.

나는 원래 밤에 일찍 자는 편이라 아침 일찍 일어나는 건 잘하는데 밤늦게까지 뭘 하라고 하면 졸려서 잘 못한다. 하지만 이곳에서는 어울리는 친구들이 밤에 일을 많이 하다 보니 나도 자연히 '야밤형 인간'이 되고 말았다.

해가 지고 나면 저녁을 먹고, 밤 8시나 9시쯤 어슬렁어슬렁 농장으로 간다. 그때부터 일을 시작하는 농장은 이런저런 일로 분주하다. 칠면조를 사러 오는 사람들도 밤에 많이 오는데, 밤 10시에도 오고 새벽 1시에도 오고 새벽 3시에도 온다. 밤에 마실 삼아 놀러 오는 동네 사람들도 있다.

농장에 처음 온 사람들은 나 때문에 깜짝 놀라기도 하고 신기해하기도 한다. 그러면 대체로 비슷한 일이 벌어진다. 일단 알든 모르든 악수를 먼저 한다. 그리고 나면 주로 와엘이나 마흐무드가 마무리를 한다.

"저 사람 누구야?"

많은 것이 불편하고 어렵지만 여전히 잘 웃고, 흥겹고, 정겨운 팔레스타인 사람들

"미니. 한국에서 왔어."
"한국? 팔레스타인에는 왜 왔어?"
"한국에서 팔레스타인과 관련해서 평화 운동 하는 사람이야."
"몇 살이야?"
"37살."
"결혼했어?"
"아니."

이런 기본적인 대화가 끝나고 나면 나와 이야기가 시작된다. 팔레스타인은 어떠냐, 지내는 데 어려움은 없냐, 언제 한국으로 갈 거냐, 우리 집에도 한번 놀러 와라, 뭐 이런 것들이다. 그러면 내 대답은 늘 비슷하다. 팔레스타인이 참 예쁘고 사람들도 참 좋다, 친구들이 많이 도와줘서 지내는 데 어려움은 없다, 다음에 한번 놀러 가겠다, 뭐 이런 정도. 처음에는 정성껏 대답했지만 솔직히 한 번, 두 번, 다섯 번, 열 번 되니 건성으로 대답할 때도 생겼다.

외국인이 칠면조 농장에서 뒹굴고 있는 것도 놀랄 일인데 더 놀랄 일이 또 벌어진다. 칠면조 한두 마리를 사가는 경우는 상관없는데 도매업자가 차를 가져와서 왕창 사가는 경우에는 큰 냉장고에 잔뜩 쌓여 있는 칠면조를 실어 날라야 했다. 그런데 그 일을 외국인인 내가 하고 있으니…. 살아 있는 칠면조를 손으로 잡을 때도 그랬지만 잡아 놓은 칠면조를 처음 맨손으로 잡을 때는 영 찝찝하고 손에 힘이 들어가지가 않았다. 그런데 그것도 곧 익숙해지니 이리저리 누워 있는 칠면조들을 냅다 두 손에 들고 차로 가서 안으로 던졌다. 처음에는 친구들이 하지 말라고 했다. 덥고 힘드니 그냥 차나 마시며 앉아 있으라는 거였다. 하지만 다들 일하고 있는데 나만 놀고 있을 수는 없는 일.

미끈거리고 무언가 흘러내리는 듯한 칠면조를 낯선 외국인인 내가 나르고 있으면 처음 본 사람들은 깜짝 놀란다. 팔레스타인에서도 작은 지역인 툴카렘, 툴카렘에서도 5킬로미터나 떨어진 작은 마을 데이르 알 고쏜, 거기서도 외따로 떨어진 칠면조 농장에서 낯선 외국인이 새벽에, 잡아놓은 칠면조를 나르고 있으니 말이다.

처음 본 사람들이 놀라워하면 친구들은 흐뭇해하기도 하고, 나 역시 가만히 구경만 하는 것이 아니라 같이 일도 한다며 자랑도 하고 그랬다. 내가 일을 하고 있으니 굳이 일을 하지 않아도 되는 다른 동네 친구들도 어쩔 수 없이 거들기도 했다. 처음에는 칠면조를 옮기다 옷에 뭐가 묻고 그러면 신경이 쓰였는데 나중에는 그냥 당연한 듯 여겨졌다. 그렇게 팔레스타인의 밤은 땀과 차와 오가는 수다 속에서 하루하루 지나가고 있었다.

한밤의 칵테일 파티

　　며칠 전, 대학에서 컴퓨터를 전공하면서 동네에서 부업으로 컴퓨터 가게를 하고 있는 와엘의 조카 압델이 내가 술 생각이 날 것 같다며 술을 사 왔다. 뜻밖이었다. 압델은 다른 사람에게 무슬림이 되라고 떼를 쓰지는 않지만 본인은 종교에 대한 믿음이 강했다. 그런 압델이 맥주를 사 왔으니 놀랄 만했다. 나는 술을 좋아하지는 않지만 더운 여름밤에 시원한 맥주 한잔도 괜찮겠다 싶어 뚜껑을 따고 한 모금 들이켰다. 그런데 웬걸! 도대체 술인지 음료수인지.

　압델의 말에 따르면 이슬람에서는 술을 먹지 못하게 하니 이슬람 맥주라는 것이 있긴 있어도 맛만 술과 비슷할 뿐 알코올은 전혀 들어 있지 않다는 것이었다. 맥주병에도 자랑스럽게 '알코올 0%'라고 적혀 있었다. 자세히 보니 압델이 마시고 있던 '그냥 음료수'에도 '알콜 0%'라고 적혀 있었다. 맥주 아닌 맥주로 음주를 대신하는 상황에서 웃어야 할지 울어야 할지…. 아무튼 먼 나라에서 온 친구가 심심해할 것 같아 일부러 맥주를 사 온 압델이 여간 고마운 게 아니었다.

　그렇다면 팔레스타인에서는 전혀 술을 살 수 없을까? 그런 건 아니다. 예루살렘이나 라말라, 베들레헴 같은 큰 도시나 기독교인들이 많이 사는 곳에 가면 식당이나 슈퍼마켓에서 술을 팔기

도 한다. 아예 술 판매 전문점도 있다. 소주나 막걸리는 없지만 여러 가지 맥주와 위스키 종류가 많다.

팔레스타인 회사에서 만드는 맥주도 있다. 이슬람에서는 술을 못 먹게 한다는데 어떻게 술을 만들까? 팔레스타인 사람들 가운데 기독교인들도 있는데 그 사람들이 술 만드는 일을 하는가 보았다. 이런 게 여러 종교가 어울려 사는 데서 오는 좋은 점이라고나 할까?

술을 판다는 것은 마시는 사람들이 있다는 뜻이다. 한국처럼 곳곳에 술집이 있거나 하지는 않지만 친구들이나 가족들이 모였을 때 가볍게 한 잔씩 하곤 한다. 이슬람에서 먹지 말라고 하는데 왜 먹을까 하는 궁금증이 들 수도 있다. 하지만 불교인이라고 해서 모두 풀만 먹는 것은 아니지 않는가.

우리, 칵테일 먹으러 가요

오늘도 친구들과 있다가 술 이야기가 나왔다. 하지만 데이르 알 고쏜에서는 술을 마시지 못한다. '하람(금기)'인 셈이다. 그렇다고 술 마시는 사람을 욕하거나 그러지는 않는다. 그래도 이곳에서는 술에 대해 이야기하는 것 자체가 신기한 일이다. 우리나라에서 대마초에 대해 이야기하는 것과 비슷하다고나 할까?

팔레스타인 사람들 가운데는 술을 마시면 정신이 이상해지는 줄로 알고 있는 사람들도 있고, 술을 마약의 일종이라고 생각하는 사람도 있다. 언젠가 요르단에서 만난 이슬람이라는 친구는 수업시간에 배웠다며 책을 보여주면서 술을 먹으면 사람이 어떻게 이상해지는지 열심히 설명해주기도 했다. 술 마시고 이상한 짓 하는 사람이 워낙 많으니 그리 생각하는 것도 엉뚱한 것만은 아닐 듯했다. 게다가 사람 마음이란 것이 자기가 해보지 않은 것은 신기하게 여겨지기 마련이니까.

팔레스타인 친구들과 한국의 술 문화에 대해 이런저런 이야기를 하다가 칵테일 이야기가 나왔다. 맥주나 위스키는 워낙 유명한 것이라 대신 칵테일에 대해 물어봤다.

"와엘, 칵테일 먹어봤어요?"
"그럼요, 나도 칵테일 좋아해요."
"정말?"
"미니, 툴카렘에 칵테일 먹으러 갈래요?"
"지금?"
"응, 지금!"

그렇게 해서 우리 패거리는 갑자기 차를 타고 툴카렘으로 나갔다. 데이르 알 고쏜은 시골이라 술이 아예 없지만 툴카렘 시내에는 칵테일을 파는 가게가 있나 보았다. 나는 꼭 술을 좋아해서가 아니라 팔레스타인 친구들과 여름밤에 한잔 할 생각을 하니 기분이 무지 좋아지기 시작했다. 이스라엘 군인의 공격과 봉쇄 때문에 밤은 물론이요 낮에도 마음대로 다닐 수 없는 것이 생활이 되어버린 이곳에서 시원한 바람을 쐬며 밤거리를 달리는 것도 좋았다. 이스라엘이 가자 지구를 공격하고 파괴하는 동안, 서안 지구에 속해 있는 이곳은 요즘 그나마 다니기가 수월한 상황이었다. 이 짧고 작은 자유가 언제, 어떤 모양으로 끝날지 모르지만….

드디어 차가 어느 가게 앞에 멈췄고 우리는 칵테일을 마주하게 되었다. 순간, 내 기대는 와르르, 폭삭, 왕창, 쿵 하고 무너지고 말았다. 와엘이 말한 칵테일은, 칵테일은 칵테일이었으나 과일과 아이스크림과 주스가 섞인 칵테일이었다. 내가 생각한 칵테일은 술이 들어간 칵테일이었고. 어찌 됐든 둘 다 무언가를 섞어 먹기는 마찬가지였다. 단 한 가지, 알콜이 들어가지 않았다는 것만 다를 뿐. 아무튼 와엘은 자기도 좋아하고 나도 맛있어 하는 것을 사주었다며 흐뭇해했다. 이런 상황에서 웃어야 할지 울어야 할지. 그래도 큰 성과가 하나 있었다면 와엘과 처음 만난 날 라말라에서 데이르 알 고쏜으로 올 때 탔던 그 새 자동차의 정체를 알았다는 것.

"와엘, 그런데 내가 여기 처음 오던 날 탔던 그 차는 어디 갔어요? 그날 이후로는 한 번도 못 본 것 같은데."

옆에 있던 마젠이 푸하하 크게 웃으며 대답을 해준다.

"사실 그건 와엘 차가 아니고, 와엘이 한국 친구를 데리러 간다고 돈을 주고 빌린 거예요."

"네? 빌려요?"

"와엘 차는 너무 낡고 그래서 일부러 빌렸어요."

그냥 버스 타고 오라고 해도 되는데, 전혀 알지도 못하는 나를 데리러 1시간 넘게 차를 운전해서 라말라로 온 것도 모자라 타고 다니는 차가 너무 낡았다며 큰돈을 내고 차를 빌려서 오다니! 나 같으면 팔레스타인에서 손님이 왔다고 그렇게까지 했을까?

나를 처음 만나던 날, 자신의 차가 너무 낡았다며 돈을 주고 새 차를 빌려 왔던 와엘
와엘의 이 낡은 차를 타고 팔레스타인 밤거리를 다시 한번 달리고 싶다.

담배를 입에 물게 하는 세상

　동네에 남아 있는 친구들을 주려고 칵테일을 몇 개 더 사서 차에 탔다. 차를 타고 마을로 돌아오는 길에 역시나 와엘과 마젠은 담배를 꺼내 문다. 나는 한국이든 여기든 가끔 재미 삼아 한 대 피는 정도다. 이스라엘이 열 받게 하면 조금 더 피우기도 하고. 그런데 여기서 친구들과 지내다 보니 그나마 피우던 담배도 거의 안 피우게 되었다. 왜일까? 살아서 한국으로 돌아가고 싶기 때문이다.

　팔레스타인 친구들은 정말 줄담배를 피운다. 술을 못 먹어 그 보상으로 많이 피우는지도 모르지만 청소년부터 노인들까지 그야말로 너구리 소굴이 따로 없다. 손님이 오면 차를 권하듯 담배를 권하고, 응접실에는 여러 개의 재떨이가 놓여 있어 각자 하나씩 갖고 담뱃재를 턴다. 남성들의 흡연율이 여성에 비해 훨씬 높고, 정확한 이야기인지 모르겠지만 이곳 친구들의 말로는 러시아에 이어서 팔레스타인 사람들이 세계에서 가장 담배를 많이 피운다고 한다.

　친구들이 가장 많이 피우는 담배는 자말(JAMAL)이다. 9세켈(약 3천 원)로 가장 싼 담배다. 가장 싸다고 해도 한국의 담뱃값에 비하면 엄청 비싸다. 자말은 가난한 사람들일수록, 시골 사람들일수록 많이 피운다. 예전의 한국으로 치면 시골의 청자나 도시의 88이라고 할까?

　자말과 관련해 이런 이야기가 있다. 한국 사람들이야 대부분 국산 담배를 피우고 최근 몇 년 사이에 미국이나 일본 담배도 많이 피우게 됐지만, 팔레스타인은 반대로 대부분의 담배가 일본, 미국, 프랑스

에서 온 것들이고 팔레스타인 담배는 자말과, 다른 두어 가지 정도뿐이다. 그렇다 보니 국산품 애용 운동 삼아 자말을 피우자는 사람도 있다. 그런데 문제는 자말이 엄청 독하다는 사실. 예전에 나도 청자, 백자, 백솔, 도라지를 비롯해 여러 담배를 피워봤는데 자말은 청자와 가깝다고나 할까?

아무튼 이곳에서는 담배를 안 피워도 늘 피운 것 같은 기분이 든다. 함께 어울리는 친구들이 대부분 담배를 피우고 또 대부분 독한 자말을 피우기 때문이다. 그 연기 속에 있다 보면 어떤 때는 머리가 띵하고 기침이 나오기도 한다. 오래전 우리나라 사람들이 그랬듯이 팔레스타인 사람들도 어린 아이가 옆에 있든 말든 마구 피워댄다. 그 때문인지 팔레스타인에는 폐암 환자가 무척 많다. 어느 집에서 초상이 났다고 하면 또 폐암인가 싶을 정도다.

폐암도 안타깝지만, "우리가 할 수 있는 게 뭐가 있겠어요? 그냥 담배나 피우는 거지요."라는 말을 들을 때면 마음까지 답답해진다. 어디 마음대로 다닐 수도 없고, 일자리를 구하기도 어렵고, 수시로 이스라엘 군인한테 끌려가거나 총에 맞아 죽고, 팔레스타인 자치정부의 고위 관리들은 부패해서 제 잇속만 챙기며 사람들을 분노케 하는 상황에 살다 보면 그 속 타는 마음이 오죽할까 싶다. 담배 연기와 함께 한숨을 내뱉으며 '이 놈의 세상' 하기도 했다가, '이번에는 좀 달라질까?' 싶기도 할 것이다.

담배를 좀 적게 피워 모두들 건강했으면 좋겠지만 그렇다고 그 답답한 마음을 달리 풀어줄 방법도 없으니 되레 나까지 담배를 입에 물게 된다.

알 자지라를 보는 이유

친구들과 모여 저녁을 먹으며 텔레비전을 봤다. 텔레비전을 본다고 해야 아랍어 방송이기 때문에 나는 그냥 화면만 본다는 것이 정확한 표현일 것이다. 함께 모여 텔레비전을 볼 때는 대부분 드라마나 코미디 프로를 보는데, 내용을 알아들을 수 없는 나는 그저 친구들이 웃을 때 따라 웃는 정도다. 여러 사람이 모여 있을 때는 뉴스를 잘 보지 않지만 와엘 혼자 있을 때면 뉴스를 자주 본다. 뉴스는 화면만 봐도 대강 무슨 내용인지 알 수 있고 또 와엘에게 물어볼 수도 있으니 나도 관심을 갖고 볼 때가 많다.

팔레스타인에서 볼 수 있는 텔레비전 방송은 대부분이 위성 방송이다. 한국에는 KBS, MBC, SBS 같은 공중파 방송과 여러 케이블 방송이 있지만 팔레스타인은 사정이 다르다. 자체 방송은 하마스에서 운영하는 '알 아크사' 방송이 대표적이고, 나머지는 이 나라 저 나라에서 쏘아대는 아랍 위성 방송들인데 이런 방송을 중계해서 사람들에게 보여주는 회사가 팔레스타인에 몇 개 있다. 그런데 이들이 내보내는 위성 방송이 무려 1백 개가 넘는다는 사실. 그렇다 보니 텔레비전에서는 하루 종일 이런저런 프로그램이 지칠 줄 모르고 계속된다.

어떤 방송에서는 하루 종일 꾸란을 읽어준다. 한국에서 불교 신자인 할머니가 집에서 불경 읽어주는 방송을 틀어놓는다고 생각하면 된다. 또 어떤 방송은 하루 종일 인도 영화만 보여준다. 마흐무드의 작은 누나인 슈룩도 인도 영화 채널과 인도 배우들을 좋아한다. 마흐무드의 동생 아셈도 유튜브에서 인도 배우들의 영상을 찾아보는 걸 좋아한다. 나도 춤과 노래가 많이 나오는 인도 영화를 좋아해서 "나도 샤룩 칸 좋아해." 하면서 슈룩이나 아셈과 의기투합하기도 한다(샤룩 칸Shahrukh Khan은 인도의 국민배우라 부르는 남자 배우다). 다만 힌디어로 말하고 아랍어 자막이 나오니 당최 무슨 말인지 알 수가 없다는 사실.

그렇다면 아랍 영화도 있을까? 이집트 쪽 영화가 많다. 내용은 사랑 이야기 뭐 그런 것들인데, 뽀뽀 하는 장면에서는 입술이 닿기 직전까지 두 사람의 얼굴을 비춘다. 그런데 입술이 닿는 순간, 갑자기 카메라가 하늘이나 날아가는 새를 비추어 보는 사람들을 속 터지게 만든다.

그런가 하면 시를 읽고 시에 대해 토론하는 방송을 볼 때는 신기하기도 하고 아랍의 문화와 전통이 보통이 아니라는 생각이 든다. 하기야 발전된 아랍의 수학과 과학, 의학이 유럽으로 넘어갔고, 유럽 국가들이 세계를 정복하면서 이것들이 다시 세계 곳곳으로 퍼져 나갔으니 지금 우리가 쓰고 있는 많은 것들의 뿌리가 사실은 아랍일 수도 있을 것이다. 그 밖에도 드라마, 뉴스, 어린이 만화를 비롯해 여러 방송이 있다. 나는 한국에 있을 때보다 팔레스타인에서 〈쩐의 전쟁〉, 〈스타킹〉 같은 한국 방송을 더 많이 본 것 같다. 아랍어 자막이 나오거나 아랍어 더빙을 하는 'Korea TV'라는 것이 있어 한국 드라마나 오락 프로그램을 보여주기 때문이다.

다른 목소리를 내는 알 자지라

수많은 채널 가운데 하나가 알 자지라(al Jazeera)다. 알 자지라는 미국의 CNN이나 한국의 YTN 같은 뉴스 전문 채널로 팔레스타인 사람들이 주로 보는 뉴스 채널이다. 카타르(풍부한 석유 자원을 보유한 나라로, 2009년 기준 1인당 GDP가 세계에서 두 번째로 높다)에 본사가 있는데, 세계적으로 꽤 이름난 방송이다.

왜 유명해졌을까? 미국의 CNN과 중동의 알 자지라를 비교해보면 알 수 있다. 예를 들어 2003년 미국이 석유를 차지하기 위해 이라크를 침공했을 때, CNN은 열심히 '미국을 위해' 방송했다. 미국이 이기기를 응원했고, 이라크 사람들을 해방시키기(?) 위해 피를 흘리는 미국 군인들을 보여주었다. 마치 올림픽 경기를 중계하듯, 전쟁을 무슨 놀이인 것처럼 보도했다. 미군을 영웅 만들기에 바빴고, 이라크 사람들의 고통은 모른 체했다.

이에 비해 알 자지라는 미국의 공격으로 죽고 다친 이라크 사람들의 모습을 보여주었다. CNN이 폭탄을 떨어뜨리는 미군 비행기에서 카메라 화면을 잡았다면, 알 자지라는 그 폭탄이 떨어지는 곳에서 카메라 화면을 잡았던 것이다. 그리고 전쟁이 벌어지자 많은 외국 언론

이스라엘 기념품 가게의 티셔츠에 적혀 있는 글귀. "미국아, 걱정 마라. 미국 뒤엔 이스라엘이 있다."

2005년에만도 미국은
25억 달러 가량을 이스라엘에 지원했다
대부분이 군사 지원이었다
또한 정치·외교적으로도 미국과 EU는 이스라엘을 지원하고 있다
미국과 유럽 국가들의 일방적인 이스라엘 지원만 줄여도
팔레스타인 사람들이 자유로워질 날이 앞당겨질 것이다

들이 이라크를 떠난 반면, 알 자지라는 계속 이라크에 남아 전쟁의 참혹함과, 미국이 내세운 이라크의 해방이 거짓임을 전해주었다. 그렇다 보니 아랍과 중동 지역의 많은 사람들이 CNN에 분노하며 알 자지라에 응원을 보냈던 것이다.

알 자지라 방송 덕분에 아랍과 중동 지역뿐만 아니라 세계 곳곳의 사람들이 전쟁 영웅이 아닌 전쟁 피해자들을 화면에서 보게 되었고, 이것은 세계 곳곳의 반전 운동에도 큰 영향을 미쳤다. 그 결과, 알 자지라는 짧은 시간 안에 세계 주요 언론사 가운데 하나로 떠올랐다. 한국의 방송 뉴스나 신문을 유심히 보면 평소에는 기자들이 "CNN에 따르면…", "AP에 따르면…" 하다가 중동 지역에서 무슨 큰 일이 터지면 "알 자지라에 따르면…"이라고 하는 것을 들은 적이 있을 것이다.

알 자지라의 영향력이 커지자 미국이 테러리스트라고 부르는 오사마 빈 라덴도 세계에 전할 메시지가 있을 경우 알 자지라로 비디오테이프를 보냈고, 알 자지라는 이를 방송했다. 물론 테이프를 어떻게 전달했는지는 아무도 모른다.

알 자지라는 중동의 권력자들에게는 밉상이다. 자신들과 친한 미국에 대해 진실을 말하는 것도 꼴사나운데, 중동의 부패한 정부들에 대해서도 마구 비판을 하기 때문이다. 대부분의 아랍 방송들은 부패한 아랍 정부들이 만들기 때문에 그야말로 먹고 놀자 판이다. 아랍 정부들이 싫어하는 것이 민중들의 정치의식이 깨어나고, 진실을 알게 되는 것이기 때문이다. 그렇다 보니 방송은 '옛다, 이거나 가지고 놀아라' 식으로 오락 프로그램들로 채워지게 되는 것이다. 아니면 '오늘

장벽 건설 반대 집회를 하는 팔레스타인 사람들을 향해 총과 최루탄을 쏘고 있는 이스라엘 군인들 그리고 이를 취재하는 기자들

국왕님께서는 OO를 방문하셔서…' 하는 식이 되거나.

아무튼 친미국 성향의 국제 언론들 사이에서 알 자지라는 그야말로 다른 목소리를 낸다. 한국 YTN의 중동 관련 뉴스를 알 자지라와 비교해보면 알 자지라가 관점뿐만 아니라 방송의 질 자체도 훨씬 뛰어나다는 것을 알 수 있다. 뉴스는 뉴스라서 그렇다 쳐도, 짧은 다큐멘터리 같은 것을 봐도 어떻게 저런 걸 만들수 있었을까 싶을 정도다. 그야말로 온갖 위험을 무릅쓰고 전쟁터에서 방송을 만드는 사람들을 보면 대단하다는 생각뿐이다.

우리나라 사람들이 아랍이나 중동이라고 하면 일단 무시하는 경향이 있는데 아랍이나 중동에 대해 좀 더 알게 되면 그것이 잘못이라는 것을 깨닫게 될 것이다.

팔레스타인 사람들의 고통을 세계에 알려주는 방송

많은 팔레스타인 사람들이 뉴스 하면 알 자지라를 보는 이유는 간단하다. 다른 언론들이 팔레스타인 문제에 대해 침묵하거나, 현장에 기자가 접근하기 어려워 보도를 하지 않는 경우에도 알 자지라는 취재를 하고 방송을 하기 때문이다. 단순히 방송만 하는 것이 아니라 이스라엘의 잔혹함과 팔레스타인 사람들의 고통을 계속 전해준다. 만약 안중근 의사나 조선 독립군을 두고 일본 언론이 '조선인 테러리스트'라고 말한다면 어떻게 될까? 일본이 조선으로 '진출'했다고 하는 것과, 조선을 '침공'하고 '정복'했다고 말하는 것은 말 한마디 차이지만 상황을 엄청나게 다르게 보이게 만든다. 팔레스타인 사람들의 입장도 마찬가지일 것이다.

언젠가 한 방송국에서 일하는 사람에게 국제 문제를 다룰 때 뉴스가 너무 미국 중심으로 쏠려 있는 것 같다고 하자, 그 사람은 내 말에는 공감하지만 방송국에 아랍어를 할 줄 아는 사람이 없다고 했다. 방송국으로 세계의 수많은 방송이 들어오면 그것을 검토해서 뉴스가 될 만한 것을 고른 뒤 화면을 만들고 말을 넣어 방송을 내보내는데, 아랍어를 하는 사람이 아무도 없으니 영어 중심, 미국 중심으로 갈 수밖에 없다는 것이었다.

처음에는 알 자지라도 아랍어 방송만 있었다. 그런데 몇 년 전부터 영어 방송을 시작하면서 방송도 그렇고 홈페이지도 아랍어와 영어로 운영한다. CNN이나 워싱턴포스트를 참고할 수 있는 방송국이나 언론사는 이제 알 자지라도 참고할 수 있게 된 것이다.

물론 알 자지라를 본다고 해서 아랍과 중동의 모든 모습을 제대로 볼 수 있는 것은 아니다. 알 자지라는 정치 뉴스 중심이기 때문이다. 하지만 알 자지라를 보면 정치 분야만이라도 한국의 언론이 얼마나 비뚤어져 있는지 알 수 있다. 오죽했으면 언젠가 한 기자가 내게 "다른 것 다 빼고 알 자지라 기사 번역해서 올려놓는 사이트 만들어보지 않을래요?"라고 했을까.

그렇다면 누구나 알 자지라를 볼 수 있을까? 한국에서는 위성 텔레비전으로 볼 수는 없지만 인터넷을 이용하면 볼 수 있다. 알 자지라 홈페이지(http://english.aljazeera.net)에 가면 되고, 아니면 알 자지라뿐만 아니라 세계의 여러 방송을 보여주는 인터넷 서비스를 통해서도 볼 수 있다.

라말라 근처 난민촌 모습

고향에서 쫓겨나 하루아침에 난민이 된 사람들…
2010년 1월 현재 등록된 팔레스타인 난민의 수는
가자 지구에 110만 명, 서안 지구 77만 명,
요르단 190만 명, 레바논 42만 명, 시리아 47만 명에 이른다.
60년 넘게 난민 생활이 계속되면서
피난을 떠났던 어린 아이는 어느새 할아버지가 되었고
젊은 청년들은 낯선 땅에서 삶을 마감하고 있다…

 한국 사람들은 팔레스타인을 어떻게 생각해요?

우리나라 사람들은 팔레스타인에 대해 어떤 것이 궁금할까? 거꾸로 팔레스타인 사람들은 한국에 대해 어떤 궁금증이 있을까? 팔레스타인에 있다 보면 심심찮게 이런 대화가 오간다.

"한국 사람들은 팔레스타인에 대해서 어떻게 생각해요?"
"대부분은 잘 모르고 언론에서 보여주는 대로 믿는 사람이 많아요."
"언론이 문제예요. 미국과 이스라엘이 언론을 쥐고 있으니…."
"그래도 몇 년 사이에 한국 사람들 가운데서도 팔레스타인을 제대로 이해하려는 사람들이 늘고 있어요. 한국도 예전에 일본의 식민지였기 때문에 팔레스타인이 이스라엘의 식민지라고 이야기하면 금방 이해해요."
"정말요? 다행이네요. 그러면 한국 사람들한테 우리는 테러리스트가 아니라고 꼭 말해주세요. 보세요(길에서 놀고 있는 동네 아이들을 가리키며), 저 아이들이 테러리스트로 보여요? 직접 봤으니 알 거예요. 꼭 본 대로 전해주세요."

팔레스타인 사람들이 민감하게 느끼는 것 가운데 하나가 국제 사회가 팔레스타인을 어떻게 바라보느냐와 언론이 팔레스타인을 어떻게 비추느냐이다. 그렇게 순하고 잘 놀던 사람들도 이런 이야기가 나오면 눈빛부터 달라진다. 그만큼 많이 당했고 억울한 마음이 큰 까닭이다.

GL과 애니쿨

오늘은 툴카렘에 갔다 왔다. 낮에 다니려니 정말 더웠다. 길에 나서자 자동차들이 뿜어내는 열기가 사람을 더 덥게 했다. 팔레스타인에는 담배가 그렇듯이 세계 곳곳에서 만든 온갖 상표의 자동차들이 거리를 누빈다. 그 가운데 현대와 기아는 인기 좋은 차다. 참, 여기서는 현대라고 하지 않고 '현다이'라고 한다. 현대를 영어로 'HYUNDAI'라고 쓰기 때문인 것 같다.

하루는 길을 걷다가 전자제품 가게 앞을 지나게 되었는데 어디서 많이 보던 것이 보였다. 'LG'라는 글자였다. 'LG'와 'SAMSUNG'이라는 글자는 세계 곳곳에서 볼 수 있기 때문에 그리 이상한 일도 아니었다. 그런데 LG는 LG인데 왠지 그 글자에서 눈이 잘 떨어지지 않았다. 다시 한 번 자세히 보니 LG가 아니라 'GL'이라는 상표가 달린 세탁기였다. LG의 문양까지 비슷했다. LG 짝퉁 상품이었던 것이다. 사소하지만 더운 여름날 내게 큰 웃음을 주었다.

팔레스타인에서 나는 노키아 핸드폰을 썼다. 노키아는 핀란드 기업이다. 100~150셰켈(3만4천 원~5만 원) 정도면 중고나 새 노키아 핸드폰을 살 수 있다. 한국에서는 노키아를 쓰는 사람이 별로 없지만 팔레스타인에서는 대부분 노키아를 쓴다. 그런데 요즘 팔레스타인에서 인기 있는 핸드폰은 삼성 제품이다. 나도 아직 안 써본, 화면

에 손가락을 대면 원하는 대로 움직이는 핸드폰이 인기를 끌고 있다. 그런데 좀 비싸다. 팔레스타인 사람들 가운데는 노키아가 이스라엘을 후원하고 있다고 일부러 삼성 핸드폰을 쓰기도 한다. 순간 한국에서 삼성이 벌이는 온갖 나쁜 짓들이 생각났다. 한번은 어떤 사람이 내가 한국에서 왔다고 하니 의미심장한 웃음을 지으며 자신의 핸드폰을 보여주었다.

"제 핸드폰이에요."
"네? 음… 뭐… 애니콜이네요."
"잘 보세요. 애니쿨~이에요."
"네? 애니콜 아니고요? 어디… 정말 애니쿨(Anycool)이네요."
"중국에서 만든 거지요. 하하하!"

우리나라 사람들이 온갖 외국 유명 상표의 물건들을 짝퉁으로 만들어 팔듯이 중국도 온갖 짝퉁 한국 상품을 만들어 수출까지 하는가 보았다. 팔레스타인 사람들이 쓰는 웬만한 공산품이 중국산인 것은 물론이고, 무슬림들이 기도할 때 쓰는 작은 카펫이나, 아랍과 팔레스타인을 상징하는 스카프의 일종인 케피예(팔레스타인들은 핫따라고 부른다)까지 대부분이 중국산이다. '메이드 인 팔레스타인(Made in Palestine)'을 찾는 것이 오히려 어렵다. '나중에는 아랍 사람까지 중국에서 만들 거예요'라는 농담이 있을 정도다. 그러고 보니 '메이드 인 차이나(Made in China)'가 없으면 하루도 안 굴러갈 거라는 것이 한국과 팔레스타인의 공통점이라면 공통점인 셈이다.

한국과 팔레스타인, 좀 더 가까워졌으면…

많은 팔레스타인 사람들은 LG나 삼성, 현대가 한국 기업인 줄 모른다. 한국 사람에게는 너무 당연한 일이기도 하고, 어떤 사람은 심지어 자부심까지 느끼는 그 사실을 모르고 있는 것이다. 싸다 싶으면 중국산이고, 좋은 물건이다 싶으면 일본산이라고 생각하는 경우가 많다. 한국산은 중국산과 일본산의 중간쯤으로 값도 괜찮고 품질도 좋은 정도라고나 할까?

대부분의 팔레스타인 사람들은 한국에 대해 별 관심이 없다. 그나마 조금 관심 있는 사람은 한국이 일본 식민지였다는 것과 전쟁이 있었다는 것, 남북한 대결, 월드컵 정도를 안다. 한국이 미국이나 이스라엘처럼 팔레스타인 사람들에게 나쁜 짓을 하는 것도 아니고, 영국처럼 역사적인 관계가 있는 것도 아니고, 일본처럼 돈을 많이 가져다주는 것도 아니니까.

한국이 팔레스타인을 이래도 그만, 저래도 그만으로 느끼듯이 팔레스타인도 한국을 이래도 그만, 저래도 그만인 나라로 느끼는 것 같다. 한국에 있는 팔레스타인 사람들이 소수이듯 팔레스타인에 있는 한국 사람들도 소수다. 그렇다 보니 그저 말로만 듣던 한국이란 나라에서 어떤 사람이 와서 조그마한 마을에 머무는 것이 그들에게는 조금은 신기한 일일 테다. 앞으로 두 나라 사이에 좀 더 많은 사람들이 오가고 만나고 함께 웃고 이야기도 하면 얼마나 좋을까.

지구촌이라는 말이 식상해지기까지 한 요즘
그런데도 우리는 얼마나 서로를 모른 채 살아가고 있는지
지구촌이라는 말이 이 나라 핸드폰을 저 나라에 팔 때만 해당되는 말이 아닌
서로의 아픔을 알고 나누는 것에도 해당되는 말이 되었으면

지중해 푸른 바다를 끼고 있는 가자 지구의 거리 풍경
거리와 집 곳곳에 팔레스타인 깃발과 자신이 지지하는 정당 깃발이 걸려 있다.

지중해의 푸른 바다를 낀 거대한 감옥, 가자 지구

오늘도 가자 지구에 사는 칼리드에게서 전화가 왔다. 칼리드는 자주 전화를 해서 '무슨 일 없냐', '필요한 것 없냐', '내가 도와줄 수 있는 것이 있으면 뭐든지 말해라', '가자 지구에서 만날 수 있으면 좋겠다' 같은 말들을 한다. 사실 칼리드와 나와의 관계는 이런 말을 해도 되고 안 해도 그만인 그런 사이다.

2006년 초, 책이나 뉴스를 통해서만 보지 말고 직접 내 눈으로 팔레스타인의 현실을 보고 싶어 팔레스타인으로 갔다. 그때 가자 지구에서 어린이 관련 시민단체에서 일하고 있는 아베드를 만나게 되었는데, 와엘과 닮은 느낌의 아베드는 나를 먹여주고 재워주고 안내도 해주었다.

어느 날 아베드는 가자 지구와 이집트 사이에 있는 국경 검문소로 나를 데리고 갔다. 그러고는 칼리드를 소개해주었다. 그때 칼리드는 국경에서 통역 일을 하고 있었는데, 칼리드를 통해 나는 팔레스타인 국경 상황에 대해 여러 가지 이야기를 들을 수 있었다. 영어를 잘 못해 늘 부담스러워하던 아베드는 내가 칼리드를 만나 이런저런 이야기를 나누는 것을 보며 잠깐이지만 한숨 돌리는 듯했다.

당시 국경 검문소 관리는 팔레스타인 자치정부와 EU(유럽연합)가 함께 하고 있었다. 그렇다면 그곳에는 이스라엘 군인이 없었을까? 사정은 이렇다. 1967년 전쟁(3차 중동전쟁)에서 이스라엘은 가자 지구를 점령한 뒤 그곳으로 이스라엘 사람들과 군인들을 이주시켰다. 이주시켰다기보다 알박기하듯 심었다고 하는 것이 더 적절할 것이다. 그리하여 주변에는 팔레스타인 사람들이 살고, 그 한가운데 이스라엘 점령촌을 만들어 점령민들을 살게 했다. 팔레스타인 사람들은 그야말로 죽을 맛이 되고 말았다. 바깥은 이스라엘이 통제하고 있고, 가자 지구 안에는 이스라엘 점령민들이 땅을 차지하고 살면서 걸핏하면 총을 쏘고 검문소를 설치해 오가는 사람들의 길을 방해했으니 말이다.

그렇다 보니 팔레스타인 사람들은 '가자 지구에서 이스라엘 물러가라'며 늘 싸우게 되었다. 그러자 2005년, 이스라엘은 땅도 거칠고 물도 별로 없는 가자 지구에서 점령촌을 철수시키고 대신 서안 지구에 점령촌을 더 많이 짓기 시작했다. 이때 이스라엘은 가자 지구를 떠

〈팔레스타인의 가자 지구〉

나는 조건으로 가자 지구와 이집트 국경 관리를 팔레스타인 자치정부만이 아니라 EU도 함께 하도록 만들었던 것이다.

그런데 만약 EU가 팔레스타인 사람들 편이라면 이스라엘이 EU를 끌어들였을까? 당연히 팔레스타인 사람들 편이 아니었기 때문에 그렇게 한 것이다. 그리고 이스라엘은 국경 출입국 사무소 안 곳곳에 감시 카메라를 설치했다. 검문소에 이스라엘 군인이 있는 것은 아니지만 여전히 누가 오가는지, 무엇을 하는지 일일이 다 보고 감시했던 것이다.

가자 지구에서 사람이 나가는 것은 그렇다 하더라도 이집트 쪽에서 가자 지구로 들어갈 때도 이스라엘은 들어오라 마라 간섭을 했다. 그러니 자치정부에게는 국경에 대한 관리권이 있는 것도 아니고 없는 것도 아닌 셈이었다. 다른 일들이 늘 그렇듯이 말이다.

그래도 이스라엘이 떠나고 나자, 이스라엘의 감시에서 완전히 벗어난 것은 아니지만 많은 가자 지구 사람들은 정말로 몇십 년 만에 수월하게 가자 지구 밖으로 나갈 수 있게 되었다. 하늘과 땅, 바다가 모두 막혀 있던 가자 지구에 작게나마 숨통이 트였던 것이다. 내가 칼리드를 처음 만난 것도 바로 그 무렵이었는데, 국경에서 일하고 있던 칼리드는 팔레스타인 문제를 이해할 수 있는 중요한 것들에 대해 내게 이야기도 해주고 직접 보여주기도 했다. 하지만 그날 몇 시간의 만남이 처음이자 마지막이 되고 말았다. 그 다음부터는 가끔 이메일로 서로의 안부만 확인할 수 있는 정도였다. 이스라엘이 다시 가자 지구를 봉쇄했기 때문이다.

　가장 답답했던 순간은 2008년 말부터 이스라엘이 가자 지구를 공격할 때였다. 이메일을 보냈지만 칼리드는 답이 없었다. 그도 그럴 것이 난리통에 전화고 인터넷이고 전기고 제대로 되는 것이 없었을 것이다. 한창 이스라엘군이 가자 지구를 폭격하고 난 뒤에야 칼리드는 괜찮다며 이메일을 보내왔다. 사람 사는 게 이래도 되나 싶었다.

이스라엘의 공격으로 파괴된 가자 지구의 해안가 모습

나갈 수도 들어올 수도 없는 땅

이번에 팔레스타인에 가면서 당연히 칼리드한테도 연락을 했다. 가자 지구에서 꼭 만나자고. 팔레스타인에 도착해서도 곧 만나자며 다시 이메일을 보냈다. 칼리드도 몇 년 만에 만나게 될 친구를 기다리며 좋아했다. 그런데 아무리 알아봐도 가자 지구로 들어갈 방법이 없었다. 2006년 초, 가자 지구에 처음 갈 때도 이스라엘 정부로부터 허가를 얻는 데 보름이나 걸렸다. 보름 동안 멍하니 허가만 기다리다가 겨우 들어간 것이다. 외국인의 경우 서안 지구는 별일 없이 오갈 수 있었지만 가자 지구는 꼭 허가가 있어야 했다.

가자 지구에 들어가기가 예전보다 더 어려워진 것은 2006년에 있었던 팔레스타인 총선과 관련이 깊다. 2006년 총선에서 미국과 이스라엘이 테러리스트 집단이라고 부르는 하마스가 크게 승리해 팔레스타인 자치정부의 집권당이 되었기 때문이다.

하마스(HAMAS)라는 말은 '이슬람 저항운동'이라는 뜻으로, 1987년에 시작한 인티파다('항쟁'이라는 뜻의 아랍어. 팔레스타인 사람들의

반이스라엘 투쟁, 반이스라엘 민중 항쟁을 뜻한다) 때 이슬람을 기반으로 탄생한 조직이다. 오랜 세월 이스라엘에 맞서 무장투쟁을 해왔기 때문에 미국과 이스라엘은 이들을 테러리스트라 부르지만 팔레스타인 사람들에게는 대이스라엘 투쟁과 각종 교육, 복지 활동을 인정받아 2006년 1월 선거에서 집권당이 될 수 있었다. 그런데 하마스가 집권하자마자 미국과 이스라엘, EU는 팔레스타인에 대한 봉쇄와 경제제재, 무력공격을 강화하면서 하마스의 근거지인 가자 지구를 봉쇄해버

린 것이다.

사실 하마스 집권 이전부터 가자 지구는 이미 봉쇄 상태였다. 바다에는 이스라엘 군함이 팔레스타인 배들이 멀리 나가지 못하게 지키고 있었고, 걸핏하면 팔레스타인 사람들의 배를 향해 총을 쏘고 어민들을 끌고 갔다. 가자 지구에 하나 있던 공항도 이스라엘이 활주로를

파헤쳐버려 비행기도 뜰 수 없었다. 땅으로 나가는 길 역시 이스라엘과 EU가 틀어막고 있었다.

그러다가 하마스가 총선에서 승리하자 2006년 6월, 이스라엘은 대놓고 가자 지구를 공격하기 시작한 것이다. 그러고는 가자 지구에 대한 봉쇄를 더 강화했다. 하마스가 성장한 주요 지지 기반이 가자 지구라는 이유 때문이었다. 그때 참 많은 사람들이 죽었다. 게다가 2007년에는 미국과 이스라엘이 팔레스타인 정치 조직인 파타(Fatah, '팔레

스타인 해방운동'이란 뜻으로 1957년에 조직되었다. 이후 줄곧 팔레스타인 해방운동을 위한 정치운동과 무력투쟁을 벌여왔는데, 1970년대부터는 이스라엘의 존재를 인정하기 시작했다. 1996년부터 10여 년 동안 팔레스타인 자치정부의 집권당이었으나, 이 과정에서 수많은 부정과 부패 사건을 일으켜

팔레스타인 사람들의 원성을 샀다. 뿐만 아니라 마흐무드 압바스 대통령을 비롯해 파타의 상층부는 미국, 이스라엘과 적극적으로 협력하고 있으며, 미국과 이스라엘은 하마스에 대항할 수 있는 세력으로서 파타를 지원하고 있다)에게 돈과 무기를 대주며 쿠데타를 일으키게 했다. 이스라엘 자신들의 마음에 들지 않으면 정당한 선거로 구성된 팔레스타인 자치정부마저 인정하지 않고 뒤엎어버리겠다는 것이었다.

그리하여 가슴 아픈 일이지만 2007년, 가자 지구에서 같은 팔레스타인 사람들인 하마스와 파타 사이에 전투가 벌어졌다. 많은 사람들이 죽고 다쳤다. 결과는 하마스의 승리였다. 그러자 이스라엘은 가자 지구에 대한 봉쇄를 더 강화해서 환자와 식량, 의약품, 석유와 가스의 이동을 극도로 제한했다. 식량은 굶어 죽지 않을 만큼만 공급했고, 환자들은 약이 없어 죽어갔다. 이스라엘 지역에서 일하던 사람들이 일자리를 잃은 것은 물론이다.

2006년 초 내가 가자 지구에 갈 수 있었던 것은 그야말로 운이 좋았다고 해야 할 것이다. 그 뒤로 봉쇄가 더욱 심해졌고, 무엇보다 2007년부터는 팔레스타인 사람들은 물론이고 외국인도 가자 지구로 들어가는 것이 거의 불가능해져 버렸기 때문이다.

이번에는 나만 가자 지구로 들어가지 못한 것이 아니라 다른 나라에서 온 사람들도 모두 마찬가지였다. 유엔이나 대사관 직원, 큰 구호단체 사람이 아니면 어려웠다. 그야말로 가자 지구가 외부와 차단된 150만 명이 사는 큰 감옥이 되어버린 셈이다. 지중해의 푸른 바다를 옆에 끼고 있는 감옥 말이다.

칼리드가 서안 지구로 올 수도 없고, 내가 가자 지구로 갈 수도 없으니 그저 이메일과 전화만 할 뿐이다. 다시 만나면 얼굴을 제대로 알아볼 수나 있을지 모르는 사람과 오랜 친구마냥 보고 싶다고 하고, 서로 걱정해주고, 가지 못해서 미안해하고 있으니 이 상황을 어떻게 설명해야 할까? 안타깝다는 말, 이럴 때 쓰는 것이겠지.

이스라엘, 그 점령과 전쟁의 역사

이스라엘은 1948년 팔레스타인 땅에 나라를 세우고 전쟁을 통해 팔레스타인 영토의 78%를 점령한 이래, 정복 전쟁을 계속해나갔다. 그리고 1956년에는 이집트의 나세르 대통령이 영국이 장악하고 있던 이집트 수에즈 운하에 대한 국유화를 선언하자, 이스라엘은 영국·프랑스와 손잡고 이집트를 침공했다. 아랍의 단결과 팔레스타인 해방을 내세우는 나세르 정부를 무너뜨리고 싶었던 것이다.

1967년 6월에는 '6일 전쟁'을 시작했다. 이 전쟁으로 이스라엘은 팔레스타인에서 정복하지 못했던 나머지 22%인 가자 지구와 서안 지구를 점령한 것은 물론, 이집트의 시나이 반도와 시리아의 골란 고원까지 차지했다.

그뒤 1973년, 이집트와 시리아가 점령지를 되찾겠다며 이스라엘과 전쟁을 시작했는데, 전쟁 초기 전세에서 밀리던 이스라엘을 구원한 것은 신속하게 대규모 무기를 공급해준 미국이었다. 결국 전쟁은 어느 일방의 승리도 없이 끝났고, 이스라엘은 점령 상태를 유지할 수 있었다.

고향에서 쫓겨난 사람들, 가만두지 않는 이스라엘

전쟁으로 쫓겨난 수십만의 팔레스타인 난민들은 주변 아랍 국가는 물론 유럽과 아메리카 등 세계 각지로 흩어졌다. 이 가운데 다수가 요르단으로 떠났고 이곳에서 PLO(팔레스타인 해방기구)를 비롯해 팔레스타인 사람들은 해방 운동을 계속해나갔다. 하지만 1970년, 요르단 정부는 난민들에 대한 군사 공격을 벌여 이들을 학살했다. 결국 PLO는 해방 운동의 거점을 레바논으로 옮길 수밖에 없었다.

1982년 6월에는 이스라엘이 PLO를 파괴하고 레바논에 친이스라엘 정부를 세울 목적으로 레바논을 침공하였다. 이 전쟁에서 이스라엘은 2만여 명의 레바논인들과 팔레스타인 난민들을 살해했다.

또 9월에는 이스라엘 군이 샤브라와 샤틸라, 두 팔레스타인 난민촌을 둘러싼 채 레바논 우익 민병대를 난민촌 안으로 투입했다. 이 민병대는 이스라엘이 무장시키고 관리하던 조직이었다. 민병대는 대부분이 노인과 여성, 어린이였던 난민 3천여 명을 살해했다. 이스라엘의 레바논 침공은 그뒤 1993년, 1996년, 2006년에도 계속되었다.

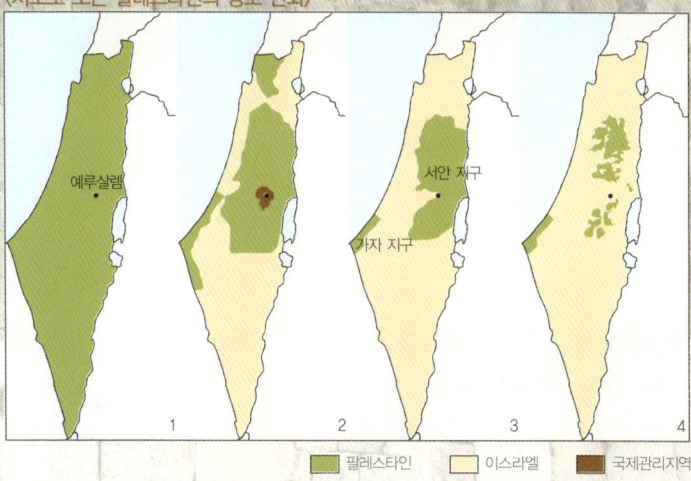

〈지도로 보는 팔레스타인의 영토 변화〉

■ 팔레스타인 ■ 이스라엘 ■ 국제관리지역

지도 1 : 1947년 이전의 팔레스타인

1차 세계대전 전까지만 해도 팔레스타인에서 유대인의 인구는 7% 정도에 불과했다. 하지만 그뒤 영국이 팔레스타인을 지배하게 되면서, 유럽에 살던 유대인들의 팔레스타인 이주가 늘어나기 시작했고, 그 결과 1945년경에는 유대인이 약 30%를 차지하게 되었다. 하지만 이때까지도 해도 팔레스타인 토지의 87%를 팔레스타인 사람들이 소유하고 있었고, 유대인이 소유한 토지는 6%에 지나지 않았다.

지도 2 : 1947년 유엔이 채택한 '팔레스타인 분할안'

1차 세계대전 이후 영국이 팔레스타인을 지배하게 되면서 많은 유대인들이 팔레스타인으로 이주해오기 시작했고, 그로 인해 유대인들과 팔레스타인 사람들 간에 갈등이 높아져갔다. 그러자 영국은 골치 아픈 팔레스타인 지배를 끝내겠다며 이 문제를 UN에 회부하였고, 1947년 UN은 '팔레스타인 분할안'을 채택하였다. 이것은 팔레스타인을 유대 국가, 아랍 국가, 국제관리지역인 예루살렘 이렇게 3곳으로 나누는 것으로, 팔레스타인에 이스라엘이라는 나라가 들어설 수 있는 빌미를 마련해주고 말았다.

지도 3 : 이스라엘의 점령에 따른 영토 변화 (1948-1967년)

1948년, 팔레스타인 땅에 독립국가를 세운 이스라엘은 그해 전쟁을 통해 팔레스타인 영토의 78%를 점령했고, 팔레스타인인들은 이스라엘이 점령하지 못한 가자 지구와 서안 지구, 주변 아랍 국가로 피난을 갔다.

지도 4 : 1967년 이래 현재

이스라엘은 1967년 전쟁을 통해 가자 지구와 서안 지구마저 점령하였다. 이로써 팔레스타인 전역이 이스라엘 점령지가 되었다. 그 뒤 1993년과 1995년, 이스라엘과 PLO 사이에 체결된 오슬로 협정으로 팔레스타인 자치정부가 수립되었으나, 자치정부의 권한은 아주 작은 것이어서 국가로서는 물론이고 자치권을 가지고 있다고 말하기조차 어려운 실정이다. 더구나 가자 지구와 서안 지구 안쪽에 고립장벽과 이스라엘 점령촌들이 계속 들어서고 있어, 팔레스타인 사람들이 살 수 있는 땅은 점점 더 좁아지고 있다.

느리게 돌아가는 팔레스타인의 시간

라에드를 3년 만에 라말라에서 다시 만났다. 몇 년 전 아마니라는 팔레스타인 여성이 국제 자원봉사 프로그램을 통해 한국에 와서 몇 달 머문 적이 있다. 그때 알게 된 인연으로 2006년에 팔레스타인에 갔을 때 헤브론에 있던 아마니의 집에 며칠 머물렀고, 아마니의 남동생인 라에드도 알게 되었다. 다시 만난 라에드는 라말라 근교의 비르제이트 대학에서 일하고 있었는데 아주 바빠 보였다.

"세미나가 있어서 독일에 갔다 왔어요."
"우와, 정말이요? 이번에 나도 팔레스타인 오느라 비행기 타고 독일 들렀다 왔어요."
"어디요?"
"프랑크푸르트요. 프랑크푸르트에 가본 것은 아니고 그냥 비행기만 갈아타고 왔어요."
"한동안 여러 나라 사람들과 같이 지냈는데 독일 사람들은 정말 열심히 일하더라고요. 하루에 3, 4시간씩 자고 새벽부터 일어나서 일하더군요. 팔레스타인 사람들은 너무 게을러요."
"음…."

우리 동네(데이르 알 고쏜) 슈룩(마흐무드의 작은누나)도 아랍 남자들이 너무 게으르다고 불만이다. 그 말이 어떤 의미인지 조금은 알 것도 같다. 사실 그런 면이 없는 것도 아니니까. 하지만 너무 바쁘게만 살면서 왜 사는지도 잊고, 소중한 사람들과의 관계도 버린 채 살아가는 사람들이 많은 한국에서 살다 온 내게는 하루에 3, 4시간씩 자면서 일하는 독일 사람들이 부럽지 않았다. 오히려 느리게 돌아가는 팔레스타인에서의 시간이 마음 편하게 느껴졌다.

그들이 시간 약속을 하는 방식

팔레스타인에서는 시간 약속이 지켜지지 않는 경우가 많다. 어떤 때는 황당하기도 하지만 익숙해지면 삶이 너무 빡빡하지 않고 느슨한 것 같아 좋기도 하다. 끊임없이 약속을 만들고, 끊임없이 약속을 확인하고, 바쁘지 않으면 아무 것도 안 하는 것 같아 허전해지는 한국 생활에 비하면 한결 여유로운 것이 사실이다.

"미니, 내일 우리 집에 놀러와요."
"좋아요. 몇 시쯤 갈까요?"
"뭐, 저녁 때 와요."
"좋아요. 그러니까 몇 시쯤?"
"저녁 먹고 올래요?"

사람들이 자기 집에 놀러 오라고 했을 때 나누는 대화다. 상대가 불편하지 않을 때 찾아가려고 '몇 시, 몇 분'을 물으면 상대방은 '저녁 때', '밤에' 이런 식으로 대답하는 경우가 많다. 처음에는 이런 식의 대화가 낯설어 시계를 보여주면서 정확한 시간을 재촉하곤 했다. 7시나 7시 30분처럼 정확하게 시간을 잡아야 마음이 편했던 것이다. 지하철이 1, 2분만 늦게 와도 욕을 해대는 사람이 많은 한국에서 살다 왔으니 오죽할까. 자꾸 몇 시를 묻는 나를 보고 팔레스타인 사람들이 약간 이상하게 느꼈을지도 모르겠다.

그래도 팔레스타인에서 한동안 살다 보니 '저녁 무렵에 만나자'는 식의 약속에 익숙해지는 데 시간이 오래 걸리지 않았다. 이런 식의 삶이 사람에게 많은 여유를 주는 것 같다. 삶의 긴장감도 덜 하고. 그래서 '저녁 무렵' 하면 저녁 먹고 좀 쉬었다가 이제 가볼까 싶으면 마실을 나간다. 그렇게 걷다 보면 여기저기서 자기 집에 들렀다 가라며 팔을 잡아끌기도 한다.

"우리 집에 잠깐 왔다 가요."
"고마워요. 그런데 ○○네 가기로 해서…."
"○○? 괜찮아요~ 내가 전화할게요."
"아… 네…."

정말 그 사람이 ○○에게 전화를 걸어 '미니가 우리 집에 있다가 갈 거니 그리 알고 있으라'고 한다. ○○도 내게 즐거운 마음으로 그렇게 하라고 하고, 나중에 만나면 먼저 들른 자기 친구 집은 어땠느냐고 물어보고 그런다. 여유로운 마음으로 다른 사람의 집을 찾을 수 있고,

약속 시간을 정할 때 자꾸 '몇 시, 몇 분'을 묻는 나와
그냥 '저녁 무렵'이라고 대답하는 팔레스타인 사람들
때로는 작은 문화적 차이가 큰 깨달음으로 다가오는 때가 있다

당나귀를 타고 올리브 밭으로 일하러 가는 팔레스타인 아저씨
그의 모습에 한동안 눈길이 머무는 것을 보면
나에게는 없는 그 무엇이 그에게는 있는가 보다

사람들도 정말 마음으로 따뜻하게 맞아주니 차 한잔도 그렇게 맛날 수가 없다. 말이 안 통해도 행복해지는 순간이다.

'요즘 바쁘죠?', '바쁘실 테니까 본론만 이야기할게요.' 이런 말들에 너무 익숙해져버린 내게 사람과 시간에 대한 여유로움이 얼마나 좋은 것인지를 알게 해주었다. 사람 만나는 것이 반갑고 기다려져야 하는데, '바쁘실 텐데 괜히 찾아온 것은 아닌지 모르겠네요' 하며 미안해하는 일이 많아져버린 내 삶을 되돌아보게 한다. 사람을 위해 시간이 있는 것이 아닌, 시간에 사람을 끼워 맞추면서 살았던 것은 아닌가 싶기도 하고.

왜 그렇게 살아요?

"미니, 부모님과는 자주 만나요?"
"1년에 두세 번 정도요."
"네? 왜 그것밖에…?"
"그냥… 저는 우리 동네에서도 딱 한 사람만 알고 지내요."
"네? 그게 무슨 말이에요?"
"저는 동네 사람 가운데 옆집 사람 한 명만 1년에 서너 번 잠깐 얼굴을 볼 뿐이에요. 나머지는 우리 동네에 누가 사는지 아무도 몰라요. 제가 집에서 죽어도 아무도 모를 거예요."
"네? 정말이요? 왜요?"

옆집에서 오늘 저녁에 뭘 먹었는지, 어느 집 아이가 학교에서 무슨 사고를 쳤는지 다음 날이면 온 동네 사람이 다 아는 이곳에서 나

같은 사람의 이야기가 신기하게 느껴지는 것은 당연할지도 모른다.

한번은 혼자 길을 가다가 동네 꼬마가 쏜 장난감 총알에 맞은 적이 있다. 기분이 좋지 않았지만 친구들이 알면 더 안 좋아할 것 같아 아무 말 않고 있었는데 이미 다들 알고 있었다. 와엘이 굳은 표정으로 괜찮냐며 미안하다고까지 했다.

사람과의 관계 면에서 보자면 한국의 도시 생활과 팔레스타인의 시골 생활은 서로 장단점이 있다. 이곳은 서로 너무 잘 알기 때문에 무슨 문제가 생기면 함께 돕고 풀어가려고 한다. 하지만 너무 잘 알기 때문에 뭘 마음대로 할 수 없기도 하다. 대표적인 것이 젊은이들의 연애다. 이스라엘 군인들의 도로 봉쇄와 검문소 때문이기도 하고, 툴카렘 시내에서 데이르 알 고쏜으로 들어오는 차가 대여섯 시면 끊어져 버리니 이곳 사람들은 다른 지역 사람들과 어울리기가 쉽지 않다. 그렇다 보니 젊은이들은 적당한 연애 상대를 찾기가 참 어렵다. 그렇다고 좁은 동네에서 누군가를 사귀게 되면 금방 소문이 나 결혼을 하든지 해야 하니 너무 부담스럽고.

한번은 친구와 길을 걸어가는데 반대쪽에서 그 친구가 사랑하는 사람이 걸어왔다. 그런데도 두 사람은 서로 아는 체하지 못하고 그냥 지나치고 말았다. 어떤 경우에는 양쪽 집안에서 두 사람의 결혼을 합의해 약혼을 하고 난 다음에야 본격적으로 연애를 시작하기도 한다. 그만큼 마음대로 누구를 만나거나 하기가 어려운 곳이 팔레스타인의 작은 마을이다.

그렇다 보니 젊은이들은 인터넷과 휴대폰으로 다른 지역 사람들과 연애를 하는 경우가 많다. 어떤 경로를 통해서든 누군가를 사귀게 되면 메신저나 핸드폰으로 계속 연락을 한다. 정치, 경제, 사회적인 문제로 만남이 자유롭지 않은 상황에서 메신저가 만남의 길을 열어주고 있는 셈이다. 물론 주변 사람들한테는 비밀인 경우가 대부분이다.

내가 많이 아프면 옆집 사람이 뛰어올까?

"한국이 좋아요, 팔레스타인이 좋아요?"

"한국이 좋은 점도 있고 팔레스타인이 좋은 점도 있어요."

"어떤 거요?"

"음… 나는 한국 사람이니까 한국이 여러 가지 면에서 생활하기가 편해요. 폭격도 없고, 총싸움도 없고, 팔레스타인보다는 일자리 구하기도 쉽지요. 대신 팔레스타인 사람들은 마음이 참 따뜻해요. 한국 사람들은 예전에 비해 돈은 많아졌는데 마음이 차가워졌어요. 따뜻한 마음을 버리고 돈을 많이 벌게 된 거지요."

"그래도 한국에는 삼성도 있고, LG도 있고, 현다이도 있잖아요?"

"맞아요. 그런 면은 한국이 팔레스타인보다 좋아요."

바쁘게 사니까 많은 것을 할 수 있는 것이고, 그러니까 다른 사람에 대해 생각할 여유가 없다. 서로를 모르니 자유로울 수 있는 것이고, 서로를 모르니 어떻게든 무너지지 않고 혼자 살아남으려고 눈에 독기를 품어야 한다. 혼자 살고 있는 내가 많이 아플 경우 구급차를 부르면 바로 달려올 것이다. 하지만 옆집 사람에게 도움을 구할 수 있을까?

느리게 돌아가는 듯 느껴지는 팔레스타인의 시간. 그 시간 속에서 다시 사람이 보이기 시작했다.

한국도 팔레스타인도 여러 모습을 가진 사회이기 때문에 어느 한 쪽으로만 말할 수는 없다. 앞에서 말한 라에드처럼 너무 바빠 만나도 1시간 이상을 함께 있기가 어려운 경우도 있고, 탈랄처럼 날마다 나블루스에 있는 집에서 라말라에 있는 YDA 사무실을 오가며 일하는 사람도 있다. 그런가 하면 슈룩처럼 밖에서 무언가 하고 싶어도 팔레스타인 사람이고, 여성이고, 가난한 집에서 태어났기 때문에 기회가 별로 없는 경우도 있고, 나블루스에 있는 YDA 회원인 알라처럼 난민촌에 사는 여성이지만 사회단체 활동도 하고, 지금 연애하는 사람과 결혼도 할 것이라 하고, 남자인 나와 함께 필요한 물건을 사러 나블루스 시내를 돌아다니는 사람도 있다. 물론 라에드와 슈룩이 싫어하는 게으른 아랍 남자들도 많고.

내게 한국이 좋냐, 팔레스타인이 좋냐는 질문은 엄마가 좋냐, 아빠가 좋냐고 묻는 것과 같다. 이런 면도 있고 저런 면도 있는 것이다. 한국은 좀 더 사람에게 따뜻하고 마음이 여유로웠으면 좋겠고, 팔레스타인은 정치나 경제 상황이 어려우니 '에라 모르겠다. 될 대로 되라'는 식으로 생각하는 사람들이 좀 더 부지런해지려고 노력해야겠지.

한국과 팔레스타인 사이에 교류가 많아지면 좋겠다 싶은 이유 가운데 하나도 서로가 서로에게 배울 것이 많고 생각할 거리도 많겠다 싶어서다. 두 시냇물이 만나 더 넓고 깊은 강물이 될 수 있으니까.

종교 때문이라고요?

"미니, 종교가 뭐예요?"
"종교 없는데요."
"네? 왜 없어요?"
"왜 없냐고요?… 그러니까… 음…"

우리나라에서는 잘 겪지 않은 일을 여기서는 자주 겪는다. 우리 가족도 그렇고 내 주변 사람들도 대부분 종교가 없거나 있다고 해도 그리 열심이지 않다. 또 길 가다가 교회 나가라는 이야기는 많이 들어봤어도 왜 종교가 없냐는 질문은 거의 받아보지 않아서 처음에는 이런 질문에 약간 당황스러웠다. 어쨌거나 질문을 받았으니 있는 그대로 대답을 한다. 그러면 이어지는 이야기도 대부분 정해져 있다.

"이 세상은 누가 만들었을까요?"
"잘 모르겠어요."

무슬림들은 신 앞에서 모든 인간이 평등하다고 믿기 때문에 기도할 때 서로 어깨를 맞댄다. 그리고 이슬람 성지인 사우디아라비아의 메카를 향해 머리를 숙인다.

"저기 저 산과 태양과 땅을 누가 만들었는지 궁금하지 않으세요?"

"네. 별로 안 궁금해요."

"아니 왜요? 죽으면 어떻게 되는지 안 궁금해요?"

"안 궁금해요."

"죽으면 정말 끝이라고 생각하세요?"

"네."

"아니에요. 죽고 나면 천국과 지옥이 있어서 거기로 가게 돼요."

이런 대화를 자주 하다 보니 한번은 이런 일도 있었다. 칠면조 농장에 모여 친구들과 놀고 있는데 처음 보는 사람이 들어왔다. 당연히 나에 대해 궁금해하기에 마흐무드가 설명을 했다. 내가 그 사람과 인사를 하고 나니 또 똑같은 질문을 하기 시작했다. 나 역시 똑같은 대답을 몇 마디 하고 있는데, 와엘이 다가와 그 사람에게 그만하라고 했다. 열 번도 더 했던 이야기를 또 해야 하는 내가 안쓰러웠던 모양이다. 영문도 모른 채 와엘의 '훼방'을 받은 그 사람은 기분이 무척 나빴는지 얼굴이 심하게 어두워지더니 조금 있다가 가버렸다.

팔레스타인에서 잘 모르는 사람과 종교에 대해 이야기를 나눌 때 빨리 대화를 끝내고 싶으면 적당한 때에 "네." 하고 알겠다고 하면 된다. 더 빨리 대화를 끝내는 방법도 있는데, "저는 꼬뮤니스트예요."라고 한마디만 하면 된다. 꼬뮤니스트라는 한마디에 대화의 분위기가 급격히 냉각되기도 하지만 적어도 더 이상 묻지 않고 알겠다고 할 가능성이 아주 높다. 왜냐하면 팔레스타인에서 꼬뮤니즘은 신을 믿지 않는다는 것을 뜻하기 때문이다. 한 친구가 웃으며 이런 이야기를 한 적이 있다.

"미니는 지옥 갈 거예요."
"왜요?"
"꼬뮤니스트니까."
"그럼 당신은?"
"나는 무슬림이니까 천국 갈 거예요."
"그러면 무슬림은 게으르게 놀아도 천국 가고 꼬뮤니스트는 열심히 일해도 지옥 가요?"
"당연하지요. 무슬림 천국, 꼬뮤니스트 지옥!"
"그래요? 할 수 없지요. 지옥 가서 지옥을 사람 살기 행복한 곳으로 만들기 위해서 일하면 되지요."
"네? 하하하!"

이런 대화를 하다 보면 옆에서 아니라고 이야기하는 사람이 나타나기도 한다. 무슬림이라고 다 천국 가는 것은 아니고 무슬림 가운데서도 신의 말씀을 따라 열심히 살아야 천국 가는 거라고.

기도 안 하는 무슬림

다른 나라에 한국을 소개할 때 한국을 대표할 수 있는 문화는 무엇일까? 김치? 한복? 지금 한국을 대표하는 문화는 돈이 아닐까? 말하자면 한국은 김치나 한복의 나라가 아니라 돈의 나라인 셈이다. 돈은 한국 사람들에게 있어 신과 같은 존재다. 돈으로 모든 것을 할 수 있다고 믿고, 석가모니나 예수에 대한 믿음보다 돈에 대한 믿음이 더 강하니까.

팔레스타인 사람들은 어떨까? 팔레스타인에는 무슬림이 많고, 그러니 모두 종교의 힘으로 움직일까? 단군의 자손들이 모두 단군을 믿는 것은 아니지 않는가? 설이나 추석에 제사상에 절하는 사람 가운데 진짜 귀신이 있다고 믿는 사람이 몇이나 될까? 여러 종류의 사람이 있기 때문에 하나로 말할 수는 없고 대략 말하자면 팔레스타인에서 이슬람은 하나의 사회현상으로 이해하면 좋을 듯싶다.

"무슬림이에요?"
"네, 당연하지요."
"기도 안 해요?"
"네, 안 해요."
"왜요?"
"그냥."

한국에서 이슬람에 대해 조금 아는 사람들은 무슬림들은 하루 다섯 번 기도를 한다고 생각한다. 이슬람에서 원래 하루 다섯 번 기도하라고 하니까 무슬림을 만나게 되면 그렇게 하는지 물어보는 것이다. 그런데 한국에서 모든 기독교인들이 십일조를 내고 모든 불교 신자들이 채식만 하는 것은 아니듯, 무슬림들도 마찬가지로 어떤 사람은 하루 두세 번 기도하기도 하고 어떤 사람은 전혀 안 하기도 한다.

국민 드라마, 밥알하라

〈밥알하라〉라는 텔레비전 프로그램이 있다. 영어로 옮기면 'Neighbourhood's Gate' 쯤 되는데, 우리말로 번역하면 '이웃집 대문'이랄까? 20세기 초 프랑스가 시리아를 지배하고 있을 때 프랑스에 대한 시리아 사람들의 저항 운동을 그린 드라마인데, 내가 팔레스타인에 있을 때 이 드라마가 그야말로 인기 절정이었다. 밥알하라가 하는 시간이면 정말이지 거리가 조용해졌다. 마흐무드 여동생들은 재방송을 보고 또 봤다.

하루는 모스크에 갔다. 기도하는 모습도 보고 사진도 찍고 있는데 동네 아이들이 몰려와 나를 구경하느라 야단법석을 떨었다. 사람들이 기도하고 있는 모스크 입구에서 낄낄대고 큰소리치며 시끄럽게 떠들었던 것이다. 그러자 어떤 사람이 나와서, "요 녀석들! 조용히 안 하냐!"라며 호통을 쳤다. 그러자 잠깐 조용해지나 싶더니 금세 웅성거리며 다시 난리가 났다. 이 아이들을 조용하게 만드는 가장 좋은 방법은 밥알하라를 보여주는 것일 게다. 시내에서는 스크린에 빔프로젝터로 크게 화면을 만들어놓고 함께 모여 보기도 하고, 밥알하라가 하는 시간이면 온 동네가 조용해지니 말이다.

이처럼 이슬람과 중동이라고 하면 종교가 모든 것의 중심이자 절대 가치일 거라고 생각하는 경우가 많지만 결코 그렇

인기 드라마 〈밥알하라〉의 한 장면

지 않다. 기도 시간에 기도를 하기는커녕 기도하는 모스크 앞에서 떠드는 아이들도 있다는 이야기다.

물론 이슬람 사회에서 종교가 생활 전반에 큰 영향을 끼치는 것은 사실이다. 이들의 역사와 문화, 정치에서 이슬람을 빼놓을 수는 없으니까. 하지만 점점 종교의 비중이 작아지고 있다. 기도보다는 밥알하라가 중요하듯이 꾸란보다는 새로운 청바지를 더 중요하게 생각하는 젊은이들이 점점 늘어나고 있는 것이다. 그래서 어떤 사람들은 "요새 젊은 것들은…." 하며 혀를 차기도 한다.

무슬림들이 이스라엘 군인들을 향해 돌을 던지고 총을 쏘며 싸우는 이유는 자기들이 무슬림이기 때문이 아니라, 팔레스타인 사람으로서 이스라엘 군인들에게 얻어맞고, 잡혀가고, 감옥에 갇히고 죽는 것에 대해 저항하기 위해서다. 그리고 억압에 맞서려면 저항의 길을 찾고 사람들의 마음을 하나로 모아야 하는데 그 길을 종교에서 찾는 사람들이 있는 것뿐이다. 대표적이 것이 하마스 같은 조직이다.

한국의 뉴스에서는, 이스라엘 군인을 향해 돌을 던지는 팔레스타인 사람이 "알라후 아크바르!(신은 위대하다)"라고 외치는 장면을 보여주면서 이들이 얼마나 종교에 빠진 사람들인가를 이야기하는 경우가 있다. 하지만 한 번만이라도 이들의 마음을 이해하고 이들의 입장에 서본 사람이라면 이들이 꼭 종교에 빠져 신을 부르는 것이 아니라 종교가 삶의 일부이기 때문에 삶의 어려움을 이겨나가는 과정에서 신의 이름을 부르게 된다는 사실을 알게 될 것이다.

이곳 사람들이 자신을 무슬림이라고 하는 것은, 우리나라 사람에게 "한국 사람이에요?"라고 물었을 때 "네, 한국 사람이에요."라고 대답하는 것과 비슷하다. 이때 어떤 사람은 한국 사람이라는 자부심이나 민족의식으로 똘똘 뭉쳐 있기도 하고, 또 어떤 사람은 국적이 한국이니 한국 사람이라고 대답할 뿐 그에 대해 별 생각이 없을 수도 있듯이 말이다. 종교라는 것을 신비한 것, 이상한 것으로 보자면 한이 없지만 사람의 삶을 중심에 놓고 보면 그리 이해 못할 것도 아니다.

어떤 사람은 신에게 자기 민족이 당하는 고난을 덜어달라고 기도할 것이다. 어떤 사람은 자기 자식이 이번에 시험을 치르는데 좋은 점수를 받게 해달라고 기도할 것이다. 어떤 사람은 신을 믿기 때문에 모스크에 가겠지만, 어떤 사람은 무슬림이라는 자신의 정체성을 유지하기 위해서 모스크에 가기도 할 것이다.

데이르 알 고쏜도 무슬림이 대부분인 지역이다. 그렇다 보니 모스크에서 흘러나오는 아단을 자주 듣게 된다. 아단은 기도 시간을 알리는 소리로, 사람이 직접 입으로 소리를 낸다. 처음에는 때마다 들려오는 소리가 아주 신기했다. 그러면서 정말로 이곳이 무슬림들이 사는 곳이구나 싶었다. 그런데 자꾸 듣다 보니 어떤 때는 소리가 났는지 안 났는지 잊어버리기도 하고, 어떤 때는 그 소리가 자명종 소리처럼 들려서 '일어날 때가 됐구나', '밥 먹을 때인가 보네'라고 생각하게 되었다.

낯설 때는 아주 특별하게 느껴지던 것들이 익숙해지면 그냥 생활의 일부가 되곤 한다. 무슬림들에게 이슬람이란 그런 것이다. 생활의 일부라서 중요하지 않다는 것이 아니라 생활의 일부이기 때문에 그것에 어떤 의미를 붙이는지는 사람마다 차이가 크다는 것이다.

때마다 모스크에서 흘러나오는 아단 소리
처음에는 아주 신기하던 그 소리도
자꾸 듣다 보니 그냥 밥 먹으라는 소리로
이제 일어나라는 소리로 들렸다
그렇게 몇십 년을 살아온 이곳 사람들에게는 더욱 그러하겠지

우린 친구잖아요

　　　　팔레스타인의 작은 마을에서 지내다 보면 가끔 깜짝 놀라는 경우가 있다. 어느 날 동네 사람들과 차를 마시며 수다를 떨고 있는데 어떤 사람의 옷이 색달라 보였다. 그래서 "저 옷은 팔레스타인 전통 옷인가요?"라고 물었다. 그런데 다음날 내 눈앞에 그와 똑같은 옷이 선물로 나타났다.

　또 하루는 올리브에 관한 이야기를 하다가 올리브 비누가 피부에 좋다는 이야기를 했더니 다음날 올리브 비누 한 바구니가 내게 선물로 왔다. 고기를 별로 좋아하지 않는다고 했더니 어느 집에서 생선 요리를 준비해서 나를 초대했다. 볼펜을 사러 가게에 갔더니 주인이 선물이라며 그냥 가져 가라고 한다.

　빵을 사러 집을 나섰다가 인근 학교의 교장 선생님을 만났다. 어디 가느냐고 묻기에 빵을 사러 간다고 했더니 자기를 따라 오란다. 처음 사는 것도 아니고 어디서 파는지도 알지만 따라 오라고 해서 따라갔다. 빵을 손에 쥐고 돈을 내려고 하니 주인이 빵 값은 안 내도 되니 그냥 차나 한잔 마시고 가란다. 그래서 교장 선생님과 함께 빵 가게 주인집에 들어가 차를 마시고 나왔다.

교장 선생님과 함께 빵 가게를 나오는데 교장 선생님이 어디론가 전화를 했다. 그러더니 이번에는 자기 집으로 가자고 한다. 밥을 먹고 가라는 것이다. 따라가 보니 이미 밥상이 차려져 있다. 온갖 반찬에 맛있는 밥을 먹고 차도 마시고 나왔다. 그 다음에도 빵을 사러 나갔다가 또 교장 선생님을 만났는데 이번에는 교장 선생님이 내 빵 값을 냈다. 다음부터는 교장 선생님을 피해 다녀야 했다.

괜찮아요, 왜냐면…

동네 이발소 주인 아베드 씨와 있었던 일이다. 그 날은 아침 일찍 중요한 전화를 해야 할 일이 있었는데 하필 휴대폰 배터리가 다 떨어졌다. 내게는 충전기가 없었고, 친구들은 새벽까지 일을 해서 아침 일찍 일어날 가능성이 거의 없었다. 일부러 깨우기도 미안해 어찌 할까 하다가 길에서 두어 번 마주쳐 인사를 했던 이발소 아저씨를 생각해냈다.

휴대폰을 들고 무작정 이발소로 가서 배터리가 떨어졌다고 하니 아무 걱정 말라고 했다. 그러고는 지나가는 사람을 불러 뭐라 뭐라 하자 잠시 뒤 그 사람이 충전기를 들고 왔다. 그런데 충전기가 내 휴대폰과는 다른 기종이었는지 맞지가 않았다. 그러자 이발소 아저씨는

여기저기 전화를 하고 지나가는 또 다른 사람한테 뭐라 뭐라 하더니 결국 맞는 충전기를 가져 와서 충전을 해주었다.

배터리 충전을 하는 동안 머리도 길고 해서 이발을 했다. 이발을 했으니 당연히 돈을 내야겠지. 호주머니에 손을 넣으며 얼마냐고 했더니 그냥 가라고 한다. 내가 어쩔 줄 몰라 하니 "괜찮아요. 우린 친구잖아요. 미니가 돈을 안 내는 것이 내게는 더 좋아요." 한다. 그러면서 커피나 한잔 하라고 한다.

팔레스타인에서 지내다 보면 한국에서의 경험을 떠올리게 된다. 때로 서로의 차가운 가슴 곁에서 얼어 죽을 것 같았던 기억이 떠오르면, 우리는 왜 그렇게 살고 있는 걸까 하는 생각도 든다.

더 나은 세상, 더 행복한 세상을 만들자고 하면서도 무언가에 끊임없이 쫓기며 서로의 가슴을 할퀴는 것까지 이제는 무덤덤해져버린 사람들. 그런 사람들이 만들고 있는 세상은 과연 어떤 세상일까 싶은 생각에 나도 모르게 하늘을 쳐다보게 된다.

한없이 정겹기만 한 아저씨의 웃음
이런 웃음 한 방이면 상한 마음도 절로 아물 것만 같다

팔레스타인 마을만 어둠에 잠기고

밤에 와엘 집에서 컴퓨터로 이런저런 자료를 찾아보고 있는데 갑자기 인터넷이 끊겼다. 인터넷 강국인 한국에서야 흔치 않은 일이지만 팔레스타인에서는 자주 있는 일이다. 인터넷이 워낙 자주 끊기다 보니 끊길 때 짜증나기보다는 연결되어 있을 때 고마운 마음이 들 때가 많다. 이곳에서 인터넷은 여러 가지 자료도 찾고, 한국의 친구들과 이메일도 주고받고, 아랍어-영어 번역기를 통해 이곳 동네 친구들과 이야기도 나눌 수 있게 해주는 소중한 존재다.

아무튼 인터넷이 끊기는 바람에 칠면조 농장으로 갔다. 미국에서 만든 '두들기고 부수고 총질하는' 영화도 보고, 사람들과 농담도 주고

받으며 함께 놀고 있었다. 그런데 이번에는 갑자기 전기가 나갔다. 저 멀리 보니 이스라엘 지역에는 불이 환하다. 이럴 때는 달빛 밝은 것이 좋다고 해야 할까? 우리는 달빛에 차도 마시고 담배도 피웠다.

다만 한 가지, 내일 아침까지 칠면조 70마리를 잡아 팔아야 하는데 어떻게 할지 싶었다. 칠면조 잡는 곳으로 내려가 보니 사람들이 손전등을 켜놓고 일을 하고 있었다. 농장에 조금 더 머물다가 와엘과 함께 집으로 돌아왔다. 와엘이 초를 찾아 켜면서 "우리에게 전기는 없지만 초가 있잖아. 뭐가 걱정이야?" 하면서 웃었다. 그러면서 기왕 이렇게 된 거 자자고 했다. 우리는 서로의 소파에 기대어 잠들었다.

전기가 끊겨 어둠에 잠긴 데이르 알 고쏜. 저 너머 이스라엘 점령촌에는 여전히 불빛이 환하다.

아침이 되니 전기가 들어오는 소리가 들리고 전등이 켜진다. 다행이다. 느지막이 일어나 컴퓨터를 켜니 인터넷도 연결된다. 이런저런 자료를 찾아 읽고 있는데 또다시 전기가 나간다. 기왕 이렇게 된 거 와엘이 낮잠이나 자자고 해서 또 잤다.

전기가 없다고 해서 모든 생활을 멈추라는 법은 없지만, 이곳 사람들은 주로 밤에 움직이고 더운 낮에는 집에서 자거나 다른 일을 하는 경우가 많기 때문에 전기가 없으면 곤란할 때가 많다. 와엘 집이 좀 어두운 편인데다가, 날은 더운데 천장에 달린 선풍기마저 돌지 않으면 꽤 답답하다. 1차 인티파다(민중항쟁)가 일어났을 때 이스라엘은 이 마을에 두 달 동안 전기를 끊었다고 한다. 그래서 와엘의 집 찬장에는 지금도 기름을 넣어 불을 켜는 등이 여러 개 있다. 그때 썼던 등잔이란다.

그렇게 무사히 하루가 가는가 싶더니 와엘과 마흐무드와 함께 저녁을 먹고 있는데 또 전기가 나갔다. 마침 거의 다 먹어가던 때라 핸드폰 불빛으로 남은 빵을 마저 입에 넣었다. 이곳에서는 핸드폰이 전등 역할까지 한다. 밥을 먹고 촛불에 기대어 차를 마시다가 이것도 낭만적이라는 내 말에 같이 웃었다.

다음날에는 해가 지고 시원해지자 마흐무드네 집에 놀러갔다. 마흐무드네 가족들과는 주로 옥상에서 논다. 다른 집들은 대부분 집안에 응접실이 있어 거기서 차도 마시고 수다도 떨지만 마흐무드네 집안에는 그럴 만한 공간이 마땅찮다. 그래서 늘 옥상에 의자를 펴놓고 모여 논다.

전기가 나간 날, 마흐무드네 집 옥상. 왼쪽부터 시계 방향으로 아셈, 나, 자밀라, 슈룩, 마라, 아야.

이런저런 이야기를 하며 탁자 위에 저녁밥을 차리는데 갑자기 전기가 나가 버린다. 주위를 둘러보니 마을 모두 불이 꺼져 있다. 하지만 이번에도 역시 저 너머 이스라엘 쪽과 발전소에는 불이 환하다. 멀리 이스라엘 쪽뿐 아니라 바로 옆에 있는 고립장벽에도 불이 켜져 있다. 팔레스타인 사람들이 사는 마을에만 전기가 나간 것이다(데이르 알 고쑨은 1948년 전쟁의 휴전선인 그린라인과 아주 가까이 있고, 이스라엘이 운영하는 발전소도 눈앞에 있다). 순간, 더운 한낮에 검문 받느라 오랜 시간 검문소 앞에서 기다리고 있는데, 옆에서 이스라엘 차들이 쉭쉭 지나가던 장면이 떠올랐다. 가다 멈추고 가다 멈추는 삶과 계속 이어지는 삶이 한 시대, 한 공간에 함께 있는 것이다.

전기가 무기가 되는 곳

만약 한국에서 전기가 끊어지는 일이 자주 벌어진다면 전기요금 납부 거부운동이라도 하겠지만 여기 상황은 전혀 그렇지가 못하다. 한국은 핸드폰, 수도, 전기, 가스가 사용하고 나서 요금을 내는 방식이지만 팔레스타인은 대부분 미리 돈을 내고 그 돈만큼 쓰는 방식이기 때문이다. 마을 한가운데 전기 카드를 충전하는 사무실이 있는데, 카드에 충전된 돈만큼 전기를 다 쓰고 나면 카드를 다시 충전한 뒤 집 앞에 달려 있는 계량기에 끼워야 한다. 그렇지 않으면 곧바로 전기가

카드를 꽂아 쓰는 전기 계량기

끊어져버린다. 전기조차 선불로 내지 않으면 단 1초도 쓸 수 없는 셈이다.

팔레스타인 사람들이 쓰는 전기는 이스라엘 회사가 공급한다. 그러면 우리나라의 면사무소 같은 곳에서 전기를 사와 팔레스타인 사람들에게 공급하는 식이다. 그런데 이스라엘은 돈만 받아 챙기고 전기 공급 시설에 대한 유지와 보수 책임은 팔레스타인 사람들에게 떠넘기고 있다. 이날 전기가 나간 이유도 팔레스타인 쪽 기계가 고장을 일으켰기 때문이라고 한다. 작은 고장이면 팔레스타인 사람들이 고칠 수 있지만 큰 고장이 나면 이스라엘 쪽에서 기술자가 와서 고쳐야 되는데 돈을 줘야만 고쳐준다고 한다.

또 하나 중요한 것은 이스라엘이 팔레스타인 사람들에게 전기 공급을 끊고 싶으면 언제든지 끊을 수 있다는 사실이다. 중요한 이익은 이스라엘이 모두 챙기면서 온갖 책임은 팔레스타인 자치정부에게 지우다가, 수틀리면 그마저도 '이젠, 안녕'이라는 식이다. 실제로 2006년, 이스라엘이 가자 지구를 폭격할 때도 가장 먼저 했던 것이 가자 지구에 하나밖에 없는 발전소를 부수는 일이었다. 그리고 지난 2008년 겨울, 이스라엘이 다시 가자 지구를 공격할 때도 이스라엘은 전기부터 끊어버렸다.

한밤의 로맨스

전기가 끊어지자 마흐무드네 가족은 익숙한 듯 촛불을 켜고 밥을 차린다. 마흐무드는 촛불 아래 차려진 밥상을 보고 낭만적이라며 웃는다. 불빛이 어두워서라기보다 마음이 어두운 나는 밥이 잘 넘어가지 않는다. 팔레스타인 사람들은 미래는커녕 하루하루도 계획할 수 없다는 말이 마음에 다가온다. 그 순간에도 아이들은 까르르 웃고 뒹굴고 장난치며 논다. 이리저리 초를 들고 다니며 촛농을 떨어뜨리기도 하고, 촛불 가까이 얼굴을 대며 내게 사진을 찍어 달라고 조르기도 한다. 웃어야 할지 울어야 할지 모르는 나.

학교 가기 위해 길가에서 이스라엘 군인들과 몸싸움을 벌여야 하는 팔레스타인의 초등학교 아이들. 멀쩡한 올리브 나무를 베어내는 군인들 앞에서 나무에 자신의 몸을 쇠사슬로 묶고 베지 말라고 하소연하는 팔레스타인 농민들. 삶을 멈추려는 자와 멈추지 않으려는 자의 투쟁은 끝이 없다.

전기 사용이나 이동의 자유와 같은, 우리에게는 너무나 당연해서 그것이 어떻게 내 앞에 오는지 묻지도 않는 것들을 위해, 느리고 울퉁불퉁한 길이라도 멈추지 않기 위해, 힘겹지만 조금씩 삶의 수레바퀴를 굴리고 있는 팔레스타인 사람들의 모습이 마음속에서 수없이 겹쳐지는 하루였다.

물, 전기, 이동의 자유와 같은
우리에게는 너무나 당연한 것들이 하나도 당연하지 않은 팔레스타인
하지만 그속에서도 꽃은 피고 아이들은 빛나고 있었다

뒤집어진 사진 한 장

팔레스타인 건물 벽에 그려진 영국 작가 뱅크시의 작품

　　　　　마흐무드와 자주 어울리다 보니 마흐무드의 동네 친구인 바드란을 알게 되었다. 바드란이 자기 집에도 한번 오라고 해서 며칠 전 그의 집에 가서 차를 한잔 했다. 차를 마시고 있으니 바드란의 아버지, 사이드 씨가 나와 자리를 함께했다.

　집에 들어서는 순간 맨 먼저 눈에 띈 것은 벽에 걸려 있는 젊은 남자의 사진이었다. 그는 손에 총을 들고 있었다. 팔레스타인에서는 흔히 볼 수 있는 사진이라 무엇인지 알았지만 그래도 또 무슨 사진인지 물어보았다. 2005년, 당시 22살 대학생이던 사이드 씨의 아들 압달라가 몸에 폭탄을 두르고 이스라엘 지역으로 가서 터뜨렸다고 한다. 어차피 성하지도 않았겠지만 현재 시신은 이스라엘에 있고 찢어진 옷가지만 집에 보관하고 있다고 했다.

　아들이 죽고 사이드 씨는 참 많이 울었다고 한다. 부모가 죽으면 산에다 묻고 돌아서면 잊어버려도, 자식이 죽으면 그 자식을 가슴에 묻은 채 울어도 울어도 모자라는 것이 부모의 가슴일 것이다. 옆에는 다른 사진이 한 장 놓여 있었다. 누구냐고 물어보니 조카인데 이스라엘 군인 총에 맞아 죽었다고 했다. 사진 속에는 그 조카의 형제도 있었는데, 역시 이스라엘 군인의 총에 맞아 죽었다고 했다.

더 이상 물어볼 수가 없었다. 상대방의 마음이 어떨까를 떠나 자식과 조카를 먼저 보낸 주름진 얼굴을 보고 있자니 눈물이 나려고 해서 도저히 물어볼 수가 없었다. 말하는 내 목소리도 너무 떨려 아무것도 할 수 없었다. 죽은 이들은 모두 이스라엘에 맞서 무장투쟁을 벌이며 이스라엘과의 평화협상은 무의미하다고 주장하는 이슬람 지하드 소속이었다고 한다.

지금도 밤이면 가끔 이스라엘 군인들이 동네에 들어와 하마스와 이슬람 지하드 활동가들을 잡아간다고 한다. 팔레스타인에 여러 정당과 조직들이 있는데 이스라엘에 맞서 강하게 투쟁을 벌이고 있거나 무장투쟁을 하는 조직의 사람들은 이처럼 늘 이스라엘 군사 작전의 주요 표적이 되는 것이다.

죽음이 낯설지 않은 사람들

마흐무드나 아셈과 자주 어울리는 동네 사람 가운데 모한난이라는 사람이 있다. 마흐무드 집에서 10여 미터 떨어진 곳에서 부모님과 함께 살고 있는 모한난은 대학에서 그림을 전공한 화가다. 하지만 대학을 졸업하고도 관련 직업을 구하기 어려워 지금은 옷 만드는 공장에서 일을 하고 있다.

모한난은 그냥 딱 봐도 참 사람 좋아 보인다. 말을 하는 것이나 몸

고립장벽에 그려져 있는 한 그림

짓도 아주 부드럽다. 이스라엘 군인들과 팔레스타인 사람들 사이의 싸움도, 동네 사람들이 크게 떠드는 것도 싫어하는 그이지만 한국말 배우기는 참 열심이다. 이것저것 알려달라고 해서 종이에 적어주면 다음에 만날 때 "안녕하시오.", "아름(잠깐 쉬었다가) 답다.", "빨강, 파랑", "시울(서울)" 같은 말을 해서 나를 놀라게 만든다. 내가 아랍어를 몇 마디 배워 써먹었을 때 팔레스타인 사람들도 이런 기분이었을까?

하루는 명상을 어떻게 하는지 알려 달라고 해서 가부좌를 틀고 무릎 위에 손을 올려놓는 모습을 보여주었더니 따라했다. 머리와 마음이 편안해진다고 하더니 잠깐 있다 다리가 아프다며 쑥스럽게 웃었다. 팔레스타인 사람들은 주로 의자에 앉아 생활하다 보니 바닥에 다리를 꼬고 앉는 것이 익숙지 않은가 보았다.

어느 날 모한난이 앨범을 가지고 왔다. 고등학교 때 이야기도 하고 나블루스에서 대학교 다닐 때 이야기도 했다. 사진을 넘기며 이런 저런 이야기를 하는데 사진 한 장이 뒤집어져 있었다.

"내가 정말 좋아하는 친한 친구인데 이스라엘 군인 총에 맞아 죽었어요. 사진을 볼 때마다 슬퍼서 아예 사진을 뒤집어놨어요."

앞에서 말했던 사이드 씨의 아들 압달라가 폭탄을 터뜨리고 죽자 모한난도 이스라엘 군인들에게 끌려갔다고 한다. 왜? 친구니까. 이스라엘 군인들이 사람을 잡아갈 때면 아주 신비한 능력을 발휘한다. 누가 어느 조직 소속이고, 누가 누구의 친구인지를 다 안다고 한다. 어떻게 알았을까? 가장 흔한 방법은 스파이다. 팔레스타인 사람 가운데 누가 스파이인지는 아무도 모른다고 한다. 정황과 심증만 있을 뿐.

스파이를 만드는 방법은 여러 가지다. 이런저런 이유로 끌고 가서 가족을 다 죽여버리겠다고 협박을 하거나 돈으로 매수를 한다. 가끔은 여성과의 성관계 장면을 촬영해서 테이프를 공개하겠다며 협박을 하기도 한다. 스파이를 통해 수집한 정보는 팔레스타인 해방운동을 하는 활동가의 체포는 물론 암살에도 이용된다. 예를 들어 어느 조직의 고위 활동가가 있다고 치자. 이스라엘은 그런 사람들을 잡아 가두는 것보다 죽이는 것을 더 좋아한다. 그러면 스파이를 통해 그 활동가의 일정과 이동 경로를 파악한 뒤 암살단을 보낸다. 그러면 정말 영화처럼 독침을 쏜다거나 차에 폭탄을 설치해 터뜨린다. 그도 아니면 헬기를 띄워 폭격을 하든지.

팔레스타인 사람들이 서로 어울려 노는 것을 좋아하지만 말 조심, 행동 조심을 안 하려야 안 할 수 없는 이유가 여기에 있다. 심지어 팔레스타인을 지원하러 온다는 외국인 가운데도 스파이가 있다는 말이 있을 정도니 오죽할까?

자치정부라는 게 있기는 한데…

이스라엘 군인의 총에 맞아 죽은 이야기를 들으면 마음은 많이 아프지만 심정이 복잡해지지는 않는다. 그에 비해 팔레스타인 사람들끼리 전투가 벌어져 사람들이 죽거나 다치

총을 든 군인들이 거리를 활보하는 세상
이런 낯설고도 이상한 풍경이
팔레스타인에서는 60년 넘게 계속되고 있다
지금 이 순간에도
…

고립장벽 건설을 반대하는 투쟁 과정이 담긴 사진들

면 참 마음이 복잡해진다. 며칠 전에는 가자 지구에서 하마스와 한 이슬람 조직 사이에 전투가 벌어져 12명이 죽고 100명이 넘는 사람이 다쳤다고 한다. 이 일을 놓고 누구는 이슬람 조직들 사이의 입장 차이 때문에 벌어진 일이라고 하고, 누구는 파타가 일을 꾸민 것이라고 하고, 또 누구는 가자 지구와 서안 지구가 차단되어 있어 정확한 정보를 알 수 없다고도 했다.

친구들과 가자 지구에서 있었던 일을 놓고 이야기를 하고 있는데 아셈이 "이스라엘은 즐거워하고 있을 거예요."라고 했다. 맞는 이야기다. 이스라엘이 뒤에서 일을 꾸몄든 아니면 팔레스타인 사회의 내부 문제로 일어났든, 결과적으로 팔레스타인 사람들끼리의 전투는 팔레스타인 사회를 더욱 분열시키고 팔레스타인 사람들에게는 좌절감과 이스라엘에게는 즐거움을 주는 계기가 된다. 미국과 이스라엘로서는 손 안 대고 코 푸는 셈이다.

팔레스타인에서 벌어지는 많은 일들이 꼭 이스라엘이 원인이 되어 벌어지는 것은 아니다. 지금의 팔레스타인 자치정부의 부패는 너무 많이 알려져 있어 굳이 더 말하지 않아도 될 정도다. 파타 탄생 초기부터 활동했으며, 2004년 아라파트가 죽자 2005년 선거에서 대통령이 된 마흐무드 압바스를 중심으로 한 지금의 자치정부의 고위 관료들이 미국과 이스라엘 손아귀에 놀아나고 있다는 것은 세상이 다 아는 사실이다.

자치정부에 대한 불만은 곳곳에서 나타난다. 지난겨울(2008년 12월 말부터 약 한 달간) 이스라엘이 가자 지구에서 학살을 벌이자, 유엔 인권이사회에서 이에 대한 조사를 했다. 그리고 조사단장인 골드스톤의 이름을 따서 '골드스톤 보고서'라는 것을 만들었다. 이 보고서는 이스라엘과 하마스 양쪽 모두 전쟁 범죄를 저질렀다고 하면서 특히 이스라엘의 범죄 행위에 대해서 자세히 말하고 있었다. 그러자 이스라엘과 미국은 이 보고서가 한쪽으로 치우쳤다며 반발했다. 그런데 유엔 인권이사회에서 이 보고서를 채택할지 말지를 놓고 표결을 하려는데 마흐무드 압바스 대통령이 표결을 연기하자고 나섰던 것이다.

팔레스타인이 발칵 뒤집혔다. 어서 보고서를 채택해서 이스라엘의 범죄를 세상에 알려도 모자랄 판국에 자치정부 대통령이라는 사람이 표결을 연기하자고 했으니. 곳곳에서 집회가 벌어졌고 사람들은 마흐무드 압바스의 사진을 찢었다. 팔레스타인 사람들의 반발이 거세지자 압바스는 결국 한 발 물러섰다.

압바스가 이렇게 한 데는 미국의 압력이나 모종의 뒷거래가 있지 않았겠느냐는 추측이 있다. 정확한 사실을 확인할 수는 없으나 정황으로 봐서 그렇지 않겠느냐는 것이다. 아무튼 압바스는 팔레스타인 사람들에게 배신자로 찍혀 있는 상황이다.

압바스 정부는 자신들에게 비판적인 세력에 대한 탄압도 대단하다. 감옥으로 보내는 것은 예사다. 자치정부가 있으니 없는 것보다 낫고, 그래도 어느 정도 문제가 해결된 것 아니냐는 사람들도 있다. 하지만 현실을 들여다보면 팔레스타인 사람들은 이스라엘 때문에 한 번, 자치정부 때문에 또 한 번 조심, 조심하며 살아야 하는 상황에 처해 있다. 이스라엘에 맞서, 그리고 부정과 부패로 얼룩진 현 정부를 향해 두 가지 투쟁을 함께 벌이고 있는 셈이다.

이스라엘에 맞서
그리고 부정과 부패로 얼룩진 현 자치정부를 향해
두 가지 투쟁을 함께 벌이고 있는 팔레스타인 사람들
그러나 오늘이 내일을 품고 있듯
고난도 희망을 품고 있을 것이다

점령 마케팅?

한국에서는 나이 오십이 그리 많은 나이가 아니지만 팔레스타인에서는 날씨가 덥고 햇볕이 따가워 그런지 40대 후반만 되어도 환갑은 되어 보인다. 두 아들 마흐무드와 아셈을 포함해 7남매를 키우며 아내와 함께 살고 있는 아부 마흐무드는 새벽 5시쯤 집을 나서서 6시부터 옷 만드는 공장에서 일을 시작한다. 그리고 오후 3, 4시쯤 되면 집으로 돌아온다. 물론 일이 있을 때의 경우다. 일이 없어 집에 있을 때는 짬짬이 빗자루를 만들어 내다 팔기도 한다.

아부 마흐무드는 예전에는 건축 일을 했는데 일하다 떨어져 허리를 다치는 바람에 4개월 동안 병원 신세를 지고 난 뒤 일자리를 옮겼다. 지금도 앉았다 일어서는 모습이 힘들어 보이고, 어떤 때는 벽을 짚고 겨우 일어선다. 몇 차례 수술을 더 받아야 하지만 돈이 없으니 어쩔 수 없는 상황이다. 이런 이야기를 한참 하다가도 '팔레스타인 남자들이 밖에서 할 일이 없으니 집에 있는 시간이 많고 그러다 보니 아이를 많이 낳는다'며 웃는 아부 마흐무드다.

지난 휴일에는 마흐무드 가족들과 집 앞으로 소풍을 나갔다. 소풍이라고 해야 별 것은 아니고, 집 앞에 있는 산에 가서 차 한잔 끓여 먹고 오는 정도다. 그야말로 바람 쐬고 오는 셈이다. 그때도 아부 마흐무드는 잠시도 쉬지 않고 주변에 있는 포도와 사베

르(선인장 열매)를 따서 모았다. 그야말로 일, 일이다. 아부 마흐무드의 거친 손이 그가 살아온 세월을 말해주고 있었다.

팔레스타인 사람들은 무슨 일을 해서 먹고사나 싶어 아부 마흐무드의 아내이자 마흐무드의 어머니인 움 마흐무드가 일하는 또 다른 옷 공장에 가보기로 했다. 먼저 움 마흐무드한테 이야기하니 좋다고 했다. 사장한테도 말해 달라고 했더니 사장도 흔쾌히 언제든지 오라고 했단다. 그래서 며칠 전에는 해도 뜨지 않은 시각에 움 마흐무드를 따라 나섰다.

아부 마흐무드가 일을 하러 차를 타고 먼 길을 가야 하는 것에 비해 움 마흐무드가 일하는 옷 공장은 집에서 불과 100여 미터 떨어져 있었다. 공장에 도착하니 문이 열려 있고 불도 환히 켜져 있었다. 두어 사람이 먼저 와서 일할 준비를 하고 있었고 조금 있으니 사장도 오고 다른 사람들도 왔다. 10여 명이 함께 일하는 공장의 모습은 한국과 크게 다르지 않았다. 재봉틀이 두 줄로 놓여 있고 사장이 노동자들한테 이것저것 작업 지시를 했다.

이 공장에서 이스라엘-팔레스타인 경제의 한 면을 그대로 볼 수 있었는데, 이곳은 이스라엘 원청회사에서 물건을 받아 작업을 한 뒤 히브리어로 된 상표를 붙여 다시 이스라엘 공장으로 보내는 일을 했다. 쉽게 말해 팔레스타인 사람들이 이스라엘 기업에 값싼 노동력을 제공하고 있는 셈이었다. 실업률이 높은 팔레스타인 사람들로서는 무슨 일이라도 해야 하고, 이스라엘 회사로서는 노조나 복지 같은 것은 신경 안 써도 되니 팔레스타인 사람들을 쓰는 것이다.

점령, 돈이 되기 때문

제품을 생산하려면 이런저런 물건이 이스라엘과 팔레스타인을 오가기 때문에 여기저기 세금을 내야 한다. 그나마 세금을 내고서라도 계속 일을 할 수 있으면 다행인데 이스라엘이 검문소를 닫아 걸면 실컷 일해 놓고도 납품을 못해 돈을 못 받기도 한다. 아니면 물건을 보내는 데 시간이 많이 걸려 운송비가 올라가든지.

한편 이스라엘은 팔레스타인 사람들에게서 물과 땅, 값싼 노동력을 뽑아 가면서 이스라엘산 물건을 팔레스타인 사람들에게 비싸게 팔아먹기도 한다. 예를 들어 나블루스라는 큰 도시 옆에는 칼킬리야라는 곳이 있는데 6만 명 정도가 살고 있고, 이곳 농민들은 오랫동안 자신들이 생산한 과일과 야채를 큰 도시인 나블루스에 내다 팔았다. 그런데 2002년 이후 이스라엘이 칼킬리야 주변에 장벽을 둘러치더니 외부로 통하는 도로를 한 곳만 남기고는 모두 막아버렸다. 그것도 모자라 도로에 검문소를 세워 농산물을 실은 차량의 이동을 막았다.

칼킬리야의 경제는 그야말로 곤두박질쳤다. 그 틈을 타 이스라엘은 나블루스에 농산물을 팔아먹었다. 그런데 그 농산물들 가운데 일부는, 판로가 막힌 칼킬리야 농민들이 울며 겨자 먹기로 이스라엘 회사에 헐값으로 넘긴 것들이었다. 매사가 이런 식이다.

또 이스라엘은 자기네 기업과 경쟁을 할 만한 팔레스타인 기업은

팔레스타인 사람들에게 엄청난 세금을 물리고
갑자기 전기를 끊어버리고
장벽을 세워 농산물의 이동을 막고
몇 시간씩 검문소에 세워두는 등
이스라엘의 공격은 일상 속에서 계속되고 있다
팔레스타인을 점점 더 지독한 식민 상태로 만들고 있는 것이다 아예 허가를 내주지 않기도 한다. 그렇다 보니 팔레스타인 사람들 사이에서는 이스라엘 상품 불매운동이 일어나고 있다. 이스라엘 물건을 사면 돈이 이스라엘로 들어가게 되고, 그 돈이 다시 무기가 되어 자신들을 죽인다는 것이다. 그러니 이런 고리를 끊어 이스라엘에 종속된 경제에서 벗어나보자는 것이다.

하루는 가게에서 오사마란 친구와 음료수를 사 먹게 되었다. 탄산음료를 별로 안 좋아해서 주스를 집으려고 하자 오사마가 "그건 이스라엘산이에요." 했다. "그래?" 하면서 다른 것을 집으려 하니 그것도 이스라엘산이란다. 주스는 온통 이스라엘산밖에 없었고 결국 나는 탄산음료를 마셔야 했다.

어차피 점령을 했으니 팔레스타인 사람들을 자국 시민으로 삼아 함께 살든지, 아니면 많은 팔레스타인 사람들이 원하는 것처럼 일부 땅을 내어주고 알아서 살라고 하든지 하면 될 텐데, 이스라엘은 이도 저도 아닌 점령 상태를 유지하고 있다. 이 모든 것은 점령 상태가 '돈이 되기 때문'이다.

이스라엘이 팔레스타인을 상대로 전투를 많이 하면 무기를 많이 쓰게 되니 무기를 만들어내는 군수회사들이 돈을 많이 벌게 된다. 더구나 그 과정에서 땅이고 물이고 마음대로 빼앗을 수 있다. 그리고 팔레스타인 사람들을 둘러싸는 고립장벽 공사는 건설 회사들에게는 또 대박이다. 여기에다 값싼 노동력과 상품 판매처로서도 팔레스타인 사람들은 아주 훌륭한 역할을 한다. 이런 상황이니 이스라엘이 팔레스타인을 순순히 놓아주겠는가?

하루 80셰켈을 버는 팔레스타인 건설 노동자들. 같은 공사장에서 일해도 이스라엘 노동자는 팔레스타인 노동자보다 2배의 월급을 받고, 일은 팔레스타인 노동자들이 더 많이 한다고 한다.

이스라엘 기업이나 이스라엘 점령촌에서 일하는 팔레스타인 노동자들의 경우도 마찬가지다. 일단 싼 임금으로 부릴 수 있고, 복지 같은 것은 신경 쓰지 않아도 되고, 필요 없으면 언제든지 잘라도 된다. 이스라엘 시민권을 가진 노동자들에게는 그렇게 할 수 없으니 팔레스타인 노동자를 쓰면서 아주 수월하게 부려 먹는 것이다.

또 이스라엘 법에는 미성년자의 노동을 금지하고 있는데, 이스라엘 기업이 팔레스타인 청소년을 노동자로 쓰다가 걸리면 모든 책임을 노동자들을 관리하는 팔레스타인 회사에 떠넘겨버리면 그만이다.

미안한 밥숟갈

움 마흐무드도 낮에 일을 마친다. 날씨가 덥기 때문에 일찍 일을 시작해서 일찍 마치는 것이다. 집에 오면 일단 낮잠도 자고 한숨 돌린다. 저녁때쯤 일어나면 집안일이 기다리고 있다. 그나마 다행인 것은, 딸들은 물론 남편 아부 마흐무드까지 집안일을 함께 거들어주니 그래도 좀 수월하다. 같이 놀다가도 움 마흐무드는 일찍 잠자리에 든다. 이른 아침부터 일해 피곤하니까.

엄마 아빠가 옷 공장에서 일을 하면 둘째딸 슈룩은 동네 아이들을 모아놓고 과외를 한다. 그리고 마흐무드와 아셈은 일이 있으면 어디 농장이나 공사장 같은 데 가서 일을 하기도 한다. 팔레스타인에도 과외가 있을까? 과외나 사교육이 한국만큼이야 할까마는 팔레스타인에서도 좋은 대학에 보내려고 아이들에게 과외를 시키기도 한다.

부모들이 자식을 좋은 대학에 보내려는 이유는 상황이 어려운 만큼 공부를 해서 좋은 직업을 가지길 바라기 때문이다. 팔레스타인에서는 컴퓨터나 은행 관련 일을 할 수 있으면 좋은 기회를 가지는 셈이다. 공무원이나 교사만 해도 안정적인 일자리이다. 또 많은 사람들이 석유가 나는 아랍 국가로 가서 일을 하고 싶어 한다. 그런 나라에 가서 일을 하면 돈을 많이 벌 수 있는 것은 물론이고 팔레스타인에서 사는 것보다는 자유롭다고 생각하기 때문이다.

마흐무드네 집은 식구는 많고 살림살이는 어렵다. 하지만 7남매가 좁은 집안에서 부대끼며 살면서도 가족 관계는 아주 좋다. 아부 마흐무드도 이것을 늘 자랑스러워한다. 와엘도 마흐무드네가 형편은 어렵지만 사람들은 참 좋다고 말한다.

마흐무드네 집에서 밥을 먹을 때가 많은 나는, 어떤 때는 솔직히 밥숟갈 보태기가 미안할 때도 있다. 그 많은 식구가 먹고살자니 그야말로 먹는 것만 해도 얼마나 많은 돈이 들겠는가? 냉장고를 채워놔도 순식간에 비어 버리기 일쑤다. 그런데도 내가 할 수 있는 일은 마음씨 좋은 사람들의 살림살이가 조금 나아졌으면 하고 바래줄 뿐 아무것도 없으니….

이스라엘의 점령으로 고향에서 쫓겨나 가자 지구로 피난 온 사람들
이들은 이스라엘 지역으로 일하러 가기 위해 이른 새벽부터 길을 나선다
이스라엘 검문소를 통과하는 데
1시간이 걸릴지 5시간이 걸릴지 알 수 없기 때문이다
그래서 팔레스타인 노동자들은 출근 시간에 늦지 않기 위해
아예 전날 밤이나 새벽 일찍 검문소로 가 몇 시간씩 기다렸다가 출근을 한다
아이들은 아빠 얼굴을 볼 시간이 없어졌고
아빠의 일장은 다음과 같이 돌아갔다

* 밤 11시 : 집에서 출발
* 에레즈 검문소 검문검색 통과
* 1시간 버스 타고 일터에 도착
* 오전 6시 : 일 시작
* 오전 11시 : 점심식사
* 오후 4시 : 일 마침
* 오후 7시 : 집 도착(단, 검문소가 별일 없이 열려 있을 경우)
* 밤 11시 : 잠깐 쉬었다가 다시 검문소로 출발

Part 2

지도 위에서 지워진 이름
팔레스타인에 물들다

미래를 빼앗긴 사람들

검문소를 지날 때마다 허리띠를 풀어야 하는 팔레스타인 사람들

"오늘은 왜 이스라엘이 검문소를 설치했대요?"
"모르지요."
"오늘은 왜 검문소만 있고 군인들은 안 보여요?"
"모르지요."
"어제는 왜 이스라엘 군인들이 저 동네를 공격했대요?"
"모르지요."
"어제 끌고 간 사람들은 어디로 데려갔대요?"
"모르지요."

뭔가 궁금한 것이 생겨 물었을 때 모른다는 대답을 들은 적이 너무 많다. 처음에는 그것이 너무 답답하게만 느껴졌다. 도대체 왜 모른다고만 하는지.

팔레스타인에 와서 어떤 질문을 했을 때 속 시원한 대답을 듣기 어려운 경우가 몇 가지 있는데 대부분 이스라엘 군인들이 어떤 사람을 때리거나, 잡아가거나, 검문을 하거나 했을 때다. 상식적으로 경찰이나 군인이 시민을 검문하거나 잡아갈 때는 틀림없이 마땅한 이유나 명분이 있어야 한다. 그런데 그런 일을 당한 당사자나 가족, 친구들에게 물어보면 언제나 모른다고 대답하는 것이다.

그렇다면 이스라엘 군인들은 그 이유를 알까? 이스라엘 군인들 역시 언제나 모른다고 대답한다. 안보상의 이유로 말해줄 수 없다는 것이다. 사람을 끌고 가놓고 어디로 끌고 갔는지 알려주지 않으니, 알고 싶으면 가족들이 여기저기 수소문해서 알아보는 수밖에 없다. 왜 잡아갔는지, 잡아간 사람들을 어디에 가두었는지 가족들에게 알려주는 것과 국가 안보가 무슨 관계가 있는지 물어보고 싶지만 대답은 이미 정해져 있으니 물어볼 필요도 없다. 이런 일이 되풀이되다 보면 누구나 더 이상 묻지 않게 되고 만다. 상황만 있고 이유는 없는 이상한 현실을 살게 되는 것이다.

대답을 듣기 어려운 또 다른 경우는 팔레스타인의 미래에 관한 것을 물었을 때다. 팔레스타인 전체에 대한 것도 그렇고 개인에 대한 것도 마찬가지다. 하루는 마흐무드와 집 옥상에 앉아 차를 마시며 수다를 떨다가 만약 원하는 것을 모두 다 할 수 있다면 무엇을 하고 싶은

지 물어본 적이 있다. 여러 가지 상황의 제약이 많았기 때문에 '만약 모든 것을 다 할 수 있다면' 이라는 단서를 굳이 붙였던 것이다.

마흐무드는 별다른 대답 없이 웃기만 하더니 모르겠다고 했다. 모든 것이 점령 때문만은 아니지만, 그래도 팔레스타인 사람으로서 이것도 저것도 제대로 할 수 없는 상황에서 괜한 걸 물었나 싶어 마음이 불편했다. 다른 사람들이 잠깐 자리를 비운 사이, 마흐무드를 포함해 7남매를 키우고 있는 아부 마흐무드 씨와 남게 되어 다시 물어보았다.

"나중에 아이들이 이렇게 되었으면 좋겠다고 바라는 거 있으세요?"

"음… 없어요. 무얼 할 수 있겠어요? 나도 나이가 들어서 더 일할 수도 없고…."

빈 깡통을 주워 모으는 아이의 작은 어깨 너머, 저 멀리 이스라엘 점령촌이 보인다.

점령이 인간의 수염에 미치는 영향

팔레스타인 이야기를 하다 보면 자주 나오는 것이 검문소에 관한 것인데 요즘은 검문소 지나기가 몇 달 전에 비해 수월해졌다. 2009년 이스라엘에 새 정부가 들어서고 나서 내세운 '경제적 평화' 때문이다. 다니기 수월해진 것은 좋은 일이지만, 팔레스타인 사람들은 여전히 차를 타고 가다가 검문소가 나타나면 얼굴에 긴장하는 모습을 드러내며 주섬주섬 신분증을 챙긴다.

며칠 전에는 와엘이 운전을 해서 친구들과 함께 가는데 검문소에서 이스라엘 군인이 차를 세우고는 어디서 왔느냐, 어디를 가느냐고 물었다. 와엘이 데이르 알 고쏜에서 왔고, 나블루스로 간다고 대답을 하니 왜 가느냐고 물었다. 검문소가 있다는 것만으로도 짜증이 나는데 왜 가느냐고 물으니 옆에서 보고 있던 나는 더욱 열이 올랐다. 하지만 혼자 있는 것도 아니고 팔레스타인 친구들과 함께 있는데 열 받는다고 함부로 행동할 수 있는 것도 아니고 해서 그냥 참았다.

검문이 끝나고 차가 슬슬 움직이고 이스라엘 군인도 돌아섰다. 순간 내가 가운뎃손가락을 들어올리며 "뻑큐, 크레이지!"라고 하자 차 안에 있던 친구들이 모두 크게 웃었다. 그렇게 이야기가 끝난 줄 알았

검문소를 통과하기 위해 길게 줄 선 차량들과 한 사람씩 불러 검문하는 군인들

버스에 올라타 신분증을 검사하는 이스라엘 군인. 팔레스타인 신분증은 초록색이다.

다. 그런데 와엘이 사람들을 만나기만 하면 내가 이스라엘 군인한테 '뻑큐'라고 했다고 이야기를 했다. 그 이야기를 들은 사람은 또 다른 사람에게 이야기를 전하고. 그러면 사람들은 한결같이 눈이 휘둥그레 져서는 "뭐?", "정말?" 그러고는 내게 걱정스런 눈빛을 보내면서 그러지 말라고 했다. 어떤 사람은 손에 수갑 차는 시늉을 하면서 만약 이스라엘 군인이 그 소리를 들었다면 감옥에 갔을 것이라 했다.

나를 걱정해서 그러는 줄은 알지만 사람들이 그러니까 또 열이 올랐다. 군인이 보는 앞에서 그런 것도 아니고, 서로 뒤돌아서서 그런 것뿐인데도 팔레스타인 사람들의 기억과 경험 속에서 내 행동은 혹시나 무슨 일을 당하게 될지도 모르는 대단히 위험한 행동이었던 것이다. 일일이 묻지 않아도 그동안 팔레스타인 사람들이 검문소에서 무슨 일을 당해왔는지 느낄 수 있는 순간이었다.

검문검색이 일상이 되어버린 땅

팔레스타인 사람들은 검문소가 나타나면 일단 차를 세우고 기다린다. 그동안 이스라엘 군인들은 수다도 떨고 전화도 하고 카드놀이도 한다. 그러다가 귀찮다는 듯이 손짓을 하면, 팔레스타인 사람들은 정말 조심스럽게 차를 움직이며 앞으로 나간다. 점령군의 감시 눈초리에 불쾌해하면서도, 차 안을 훑어보는 군인을 향해 '우리는 아무것도 가지고 있지 않고, 아무 짓도 하지 않을 거예요'라는 표정을 팔레스타인 사람들이 지어 보일 때마다 내 속은 부글거린다.

이런 생활을 수십 년째 계속하고 있는 사람들. 팔레스타인 사람들이 왜 이스라엘이라는 말만 들어도 흥분을 하는지 알 것 같다. 이스라엘이 그들의 생활 하나하나를 쥐락펴락하고 있다 보니 이스라엘이라는 말만 들어도 흥분할 수 밖에 없는 것이다.

늘 자기 수염이 멋있다고 자랑하던 마흐무드가 하루는 면도를 하고 나타났다. 잠깐 놀라긴 했지만 그냥 그런가 보다 했는데 마흐무드가 수염을 깎은 것은 이유가 있었다. 다음날 나블루스로 갈 예정인 마흐무드는 검문소를 지나야 하는데 수염을 기르고 있으면 이스라엘 군인들이 차에서 내리라고 하고는 "너 하마스냐?"하면서 힘들게 군다는 것이었다. 웃어야 할지 울어야 할지.

점령이 오래 계속되면서 일부 팔레스타인 사람들은 이슬람이라는 종교를 통해 해방을 얻으려고 하기도 한다. 이슬람의 영향이 강하면 강해질수록 수염 기른 남성들이 많아지는데 이슬람의 선지자인 무함마드가 수염을 길렀기 때문이라고 한다. 실제로 하마스나 이슬람 지하드와 같은 이슬람 조직 활동가들은 수염을 많이 기르고 있다.

물론 수염을 길렀다고 해서 모두 하마스나 이슬람 지하드는 아니다. 마흐무드처럼 굳이 수염을 기르려고 해서 기른 것도 아니고 그냥 놔뒀더니 자란 것뿐인데, 하마스라는 이야기를 듣지 않기 위해 면도를 해야 하는 사람도 있는 것이다.

서안 지구 라말라에서 예루살렘으로 갈 때 꼭 거쳐야 하는 칼란디야 검문소
이곳을 통과하기 위해서는 모두 4개의 회전문을 지나야 한다
회전문 위에 파란불이 들어오면 사람들이 들어가 짐과 신분증 검사를 받고
빨간불이 들어오면 회전문이 움직이지 않아 들어갈 수가 없다
그런데 수시로 빨간불이 들어와 무작정 사람들을 기다리게 만들곤 한다
검문소도 여러 가지가 있는데 서안 지구에만 해도 무려 157개가 있다고 한다
물론 이것도 유동적이다
이스라엘이 기분 내키는 대로 여기에 설치했다 저기에 설치했다 하기 때문이다

3개의 회전문을 지나 마지막 4번째 회전문을 통과했을 때 마치 공장 관리자가
통제하는 대로 움직이는 컨베이어 벨트 위의 물건이 된 듯한 느낌이 들었다
그러면서 나도 모르게 욕이 튀어나왔다
한국말로 했지만 느낌으로 알아챘는지 옆에 있던 팔레스타인 친구가 이런 말을 남겼다
"팔레스타인 사람들은 매일 이렇게 살아야 한다는 것을 믿을 수 있겠어요?"
이 마을에서 저 마을, 이 도시에서 저 도시를 지날 때마다
매일 같이 이런 일을 되풀이해야 하는 사람들
검문소가 숨 막히는 일상이 되어버린 사람들

저 소리 들려요?

　　　　새벽 3시쯤, 와엘과 뒹굴거리며 이런저런 이야기를 하고 있는데, 데이르 알 고쏜에 살면서 툴카렘 지역 YDA 책임자이기도 한 마젠한테서 전화가 왔다. 이스라엘 군인이 지프 5대를 끌고 마을에 들어왔다는 것이다.

　와엘과 함께 옥상으로 올라갔다. 와엘이 가장 먼저 한 일은 옥상에 켜져 있던 불을 끄는 것. 내가 사진을 찍을 것이란 사실을 알기 때문이고, 사진 찍는 것을 이스라엘 군인이 보면 문제가 생길 것이라는 것도 알기 때문이다.

　마을이 꽤 큰 편이어서 옥상에 올라간다고 해도 마을 전체가 보이지는 않는다. 그래도 군인들의 이동을 알 수 있는 것은 마을 곳곳에 있는 사람들이 지금 군인들이 어디서 어디로 움직이고 있다고 서로 전화를 해주기 때문이다. 이스라엘 군인들은 한밤중에 팔레스타인 동네에 갑자기 들이닥쳐 사람을 잡아가기도 하고 지나는 남성들을 검문하기도 한다.

　옥상에서 마을을 내려다보는데 정말 조용했다. 새벽 시간이라 그렇기도 하겠지만 깨어 있는 사람들도 군인들이 들어왔기 때문에 모두 숨죽이고 있기 때문일 것이다. 내려가서 군인들을 찾아 사진이라도 찍고 싶었지만 혹시 와엘에게 좋지 않은 일이 생길까 봐 그냥 참았다. 물론 와엘은 괜찮으니 내려가라고 했다. 그 정도 일은 일도 아니라는 표정으로.

이스라엘 군인들이 갑자기 데이르 알 고쑨으로 들어온 밤. 온 거리가 조용하면서도 긴장에 차 있다.

혹시 군인들이 지나갈까 싶어 기다리며 와엘과 이런저런 이야기를 했다. 2000년에 알 아크사 인티파다(2차 인티파다)가 시작되고 서너 해 동안은 정말 힘들었다고 한다. 남자들이 길에 나오면 이스라엘 군인들이 총을 쏘아대서 모두들 집에 있어야 했고, 가까운 도시인 툴카렘조차 갈 수 없었다고 한다. 심지어 학생들도 한동안 학교에 가지 못했다고 한다. 와엘의 삼촌도 이때 이스라엘 군인들을 향해 돌을 던지다가 총에 맞아 죽었다며 사진을 보여주었다.

다행히도 이날은 이스라엘 군인들이 아무 일을 일으키지 않고 그냥 돌아갔다. 아무 일이 없기는 했지만 뭐라고 쉽게 표현하기 어려운 느낌이 아직도 내 마음에 남아 있다.

끌려가는 사람들

며칠 뒤, 농장에서 사람들과 어울리고 있는데 전화벨이 울렸다. 마을에 또 이스라엘 군인들이 들어왔다는 것이다. 무슨 짓을 하는지 가서 봐도 되겠냐고 친구들에게 물어보니 저것들은 머리에 든 것이 없어 아무 생각 없이 총을 쏘는 놈들이니 절대 안 된다고 했다.

총 하면 드는 생각은 무엇일까? 요즘은 영화나 드라마, 게임을 통해 많은 사람들이 쉽게 총을 접한다. 멋지게 총을 쏘는 사람이 나와 사람들을 흥분시키기도 한다. 그런데 총이란 것이 정말 그렇게 멋지고 가볍게 쏘아도 되는 것일까? 총을 영화나 게임에서만 접할 수 있는 한국 사람인 내게 다가오는 총이라는 말과, 팔레스타인 사람들에게 다가오는 총이라는 말은 다를 것이다. 팔레스타인 사람들에게 총은

팔레스타인 아이들에게 총이란 영화나 게임에서 나오는 것이 아닌 현실 그 자체다
친구의 아버지를 앗아가고, 사랑하는 삼촌을 죽게 만들고, 거리에서 사람들을 위협하는
살인 무기인 것이다

자기가 맞을 수도 있는, 또는 가족이나 이웃의 누군가가 맞아 죽은 적이 있는 살인 무기다. 총은 단순한 물건이 아니라 아픈 기억과 아픈 상처가 담겨 있는 물건인 것이다. 반대로 해방을 위해 죽음을 무릅쓰고 손에 들어야 하는 것이기도 하고.

이날은 이스라엘 군인들이 팔레스타인 사람 한 명을 붙잡아갔다. 누구는 '체포'라고 하고, 누구는 '납치'라고 부르는 일이다. 잡혀간 팔레스타인 사람은 집 안에 총을 숨겨놓고 있었다고 한다. 그런데 여기서 이스라엘은 다시 한번 신비한 능력을 발휘했다. 개까지 끌고 와 숨겨놓은 총을 찾았다고 하는데, 도대체 그 사람이 총을 숨겨놓았는지 어떻게 알았느냐는 것이다. 스파이라는 말을 떠올릴 수밖에 없는 상황이다.

언젠가 인기 드라마 〈밥알하라〉를 보고 있는데 프랑스 군인이 아랍 사람의 옷을 벗겨놓고 채찍으로 때리는 장면이 나왔다. 왜 그러냐고 물었더니 마을 사람을 고문해서 정보를 얻어내기 위한 것이라고 했다.

저 소리 들려요?

어제는 농장에서 텔레비전을 보고 있는데 오마르가 갑자기 "저 소리 들려요?"라고 했다. 뭔가 들리는 것도 같고 아닌 것도 같아서 모르겠다고 하니, 자세히 들어보면 비행기 소리가 들린다고 했다. 머리를 창밖으로 내밀고 들어보니 정말 희미하게 비행기 날아가는 소리가 들렸다.

이스라엘이 늘 띄워놓고 팔레스타인 사람들을 감시하고 사진도 찍는 무인정찰기였다. 팔레스타인에서는 활동가 암살 사건이 많이 벌어지는데, 무인정찰기가 표적의 움직임을 잡아 정확하게 죽일 수 있게 한다나. 한번은 와엘 집에서 놀고 있는데 친구들이 갑자기 텔레비전 소리를 낮추더니 손가락을 하늘로 가리키며 들어보라고 했다. 처음에는 아무 소리도 들리지 않았다. 다시 들어보라고 했다. 헬리콥터 소리라고 했다. 그리고 보니 '두두두두' 헬리콥터 소리가 들렸다. 영화나 뉴스에서만 보던 아파치 헬기가 실제로 내 머리 위를 떠다니고 있었던 것이다.

아흐마드 야신이라는 하마스 대표가 있었다. 1936년 팔레스타인에서 태어난 그는 어릴 때 일어난 사고로 목 아랫부분을 움직이지 못했다. 이슬람 운동에 적극 참여했던 그는 1987년 가자 지구에서 하마스를 창설하는 데 큰 역할을 했는데, 많은 팔레스타인 사람들에게서 존경을 받던 인물이었다. 그런데 2004년 3월 22일, 모스크에서 새벽 기도를 하고 나오던 그를 이스라엘 헬리콥터가 미사일을 쏘아 죽이고 말았다. 이 미사일 공격으로 야신을 포함해 팔레스타인 활동가 10여 명이 그 자리에서 숨졌다.

곳곳에 스파이들이 우글거리고, 검문소에서는 이스라엘 군인들이 수배자들을 잡기 위해 눈을 부라리고, 활동가들에 대한 암살과 체포가 수시로 벌어지는 이곳 팔레스타인. 그런데도 저항의 몸짓이 끊이지 않는 걸 보면 참 대단하다는 생각이 든다. 어떤 사람은 팔레스타인 저항 조직들이 어떻게 무기와 자금을 모으는지 궁금하다며 내게 묻기도 한다. 그런데 내가 알 정도면 이스라엘도 안다는 것이고 그러면 모든 것이 드러나 벌써 박살이 나지 않았을까.

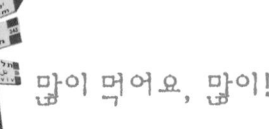
많이 먹어요, 많이!

　　　　　　와엘과 거의 24시간을 함께 지낸다. 함께 자고, 함께 먹고, 함께 농장에서 일하고, 함께 놀러 다니고 그런다. 멀리서 온 친구를 위해 때 되면 밥하랴 인터뷰 챙겨주랴 와엘이 이래저래 고생이다.

　와엘은 음식을 참 잘한다. 어떻게 해서 음식을 잘하느냐고 물어보니, 아버지는 일찍 돌아가셨고 어머니와 둘이 살았는데 어머니가 10여 년을 병으로 누워 있었다고 한다. 2009년 2월에 돌아가시기 전까지 와엘에게 음식 만드는 법을 이것저것 가르쳐주었다고 한다.

　나는 와엘이 음식을 만들면 아무거나 잘 먹는다. 딱 하나만 빼고. 과자를 직접 만들어주기도 하는데 설탕을 그야말로 퍼붓는다. 너무 달아 와엘이 만든 과자를 먹으면 머리가 띵~해지는 기분이다. 정성은 고마운데 도저히 먹을 수 없어 겨우 맛만 보고 만다.

　와엘도 그렇고 다른 사람들도 내게 지내는 데 뭐 불편한 거 없냐고 묻기를 좋아한다. 사실 별로 불편할 게 없다. 다만 가끔 몸이 문제였다. 한국에 있을 때 병원이라고는 가는 일이 없었다. 그런데 단 한 가지, 비염 때문에 먼지가 많거나 공기가 건조하거나 찬바람을 쐬면 콧물과 재채기가 나온다. 상태가 좀 안 좋다 싶으면 열도 나고 식은땀도 흐르고. 그런데 바로 여기가 먼지가 많고 공기도 건조하다.

　와엘 집은 환기가 잘 안 되는 구조다. 오래된 소파에는 먼지가 가득하다. 나는 주로 그 소파 위에서 잔다. 요즘은 우기가 아니라 비가

언제나 맛난 음식을 만들어준 와엘. 노총각이지만 솜씨가 좋다.

거의 내리지 않기 때문에 건조하기까지 하다. 이런 상황에서 천장의 선풍기를 틀고 있으면 찬바람이 이는 것은 물론이고 그 많은 먼지들이 집 안에 폴폴 날아다닌다. 그렇다고 더운 날 함께 지내는데 나 좋자고 선풍기를 끄자고 할 수도 없고.

가끔 몸이 안 좋으면 누워 있는 시간이 조금 길어진다. 기침을 하기도 하는데 그러면 와엘의 걱정하는 표정이 뚜렷해진다. 와엘은 좋다, 싫다 감정 표현을 많이 하지 않지만 내게 뭔가 불편한 일이 생길까 봐 작은 것 하나하나까지 신경 쓴다는 게 마음으로 느껴진다.

"미니, 어디 아파요?"
"아니요, 괜찮아요. 약간 피곤할 뿐이에요."
"밥이 맛없어요?"
"아니요, 맛있어요."
"근데 왜 많이 안 먹어요?"
"잘 먹고 있어요."
"먹는 거 뭐 좋아해요?"

"아무거나 다 좋아요."

이런 대화가 끝나고 다음 밥 때가 되면 닭고기가 올라오고 칠면조가 올라온다. 먹고 기운 내라는 것이다. 문제는 내가 아무거나 다 잘 먹긴 하지만 고기를 그리 좋아하는 것은 아니라는 것이다. 나 먹으라고 만든 것이 뻔해서 좀 먹고 나면 와엘은 또 왜 맛이 없냐며 걱정이다. 그러면 신선한 과일과 야채를 먹고 싶어도 와엘의 마음을 생각해서 닭다리 하나를 더 뜯게 된다. 어떤 때는 와엘이 밥과 고기를 자꾸 얹어줘서 정말 꾸역꾸역 씹어 삼키기도 한다.

사실 건강은 나보다 와엘이 더 문제다. 당뇨에 고혈압이기 때문이다. 얼마 전에는 같이 툴카렘에 있는 병원에 갔다. 처방은 간단했다. 단 거 먹지 말고, 채소 중심으로 먹고, 운동을 하라고 했다. 와엘이 몸 생각해서 차에 넣는 설탕도 반 숟가락으로 줄였지만 그마저도 더 줄여야 하는 셈이다. 그런데 병원에서 설탕 대신 먹으라고 준 것을 보니 사카린이었다. 사카린이 더 안 좋은 것 아닌가?

와엘을 위해 내가 할 수 있는 것이라고는 단 거 먹지 마라, 담배

줄여라, 운동해라 같은 잔소리하는 것과 가끔 과일과 야채(당뇨에 좋다는, 무 비슷하게 생긴 야채가 팔레스타인에 많다)를 사다 냉장고에 넣어 두는 것밖에 없다. 그러면 와엘은 와엘 대로 감동 먹은 표정이다. 사람들이 오면 "이거 미니가 나 먹으라고 사다 놨다."고 자랑한다. 와엘이 건강하게 오래오래 살았으면 좋겠는데 걱정이다.

사실 와엘과 함께 지낸 지 얼마 되지 않기 때문에 어찌 보면 특별한 정을 쌓을 시간도 없었는지 모른다. 하지만 그 짧은 시간에 쌓인 정 때문에 내 행동이 달라졌다. 라말라나 예루살렘 같은 곳에 나갈 때면 출발하기 전에 먼저 와엘에게 전화를 하는 버릇이 생겼다. 와엘이 걱정할까 봐서다. 한국에 있을 때는 가족들한테도 잘 안 했는데 말이다.

착한 삼촌 되기

어제는 오랜만에 마흐무드 집에 가서 밥을 먹고 차를 마셨다. 밥 먹고 나면 가끔은 착한 삼촌이 되기 위해 마흐무드의 세 꼬마 여동생들과 놀아준다. 별다른 장난감이라고는 없는 집이다. 가지고 놀지도 않고, 읽지도 않는 한국 아이들의 수많은 장난감과 책들이 생각난다. 명절 때만 만나는 조카들도 생각난다. 오랜만에 만난 조카들이라 반가운 마음에 같이 놀아주려고 해보지만 그때마다 30분을 넘기기가 힘들었는데.

이곳은 별다른 장난감이 없다 보니 가위로 종이를 오려 이런저런 모양을 만들기도 하고, 이상한 소리를 내기도 하고, 재미난 몸짓에 노래를 부르기도 한다. 어떤 때는 마라와 아야가 내 양팔을 잡고 매달리면 들어 올려서 돌려주기도 한다. 가위 바위 보를 가르쳐주었더니 정말 좋아하면서 계속 하자고 조른다. 가위 바위 보를 해서 그 결과를 가지고 뭐 특별히 할 것도 없는데 그냥 그 자체가 재미있나 보다.

한번은 막내 마라를 안고 우리나라 동요 '섬 집 아기'를 불러주었더니 스르르 잠이 들었다. 옆에서 보고 있던 슈룩이 마라가 그 노래를 알아듣는가 보다라고 했다. 내게 매달려 노는 아이들을 보고 슈룩이나 마흐무드는 아이들을 야단치기도 하고 말릴 때도 있다. 내가 피곤하다고 아이들보고 그만하라는 것이다. 어떤 때는 순순히 그만두기도 하지만, 어떤 때는 "메~롱!" 하면서 못 들은 척 계속 달라붙기도 한다.

다음날 학교를 가야 하는 날이면 아이들을 일찍 재우려고 하는데 특히 마라는 버팅기면서 더 놀겠다고 할 때가 많다. 그러면 또 한바탕 난리가 나서 마라는 울고 떼쓰면서 마지못해 방으로 들어간다.

많이 먹어요, 많이…

먹는 것으로 나를 괴롭히는(?) 것은 마흐무드의 가족도 만만치 않다. 마흐무드네 식구들과 옥상에서 자주 어울리는데 그러다 보면 밤 12시도 되고 새벽 1시도 되고 그런다. 내가 좀 피곤해서 먼저 일어나려고 하면 붙잡고 난리가 난다. 10분만 더, 30분만 더 있다가 가라는 것이다. 아니면 뭐라도 먹고 가라고 갑자기 부엌으로 달려가서 먹을 것을 가져온다. 졸린 눈으로 빵을 찢어 먹다 보면 빵이 코로 들어가는지 귀로 들어가는지 모를 때도 있다. 신에게 감사한다는 뜻으로 "함두릴라" 하면서 다 먹었다고 손을 털면 더 먹어라, 조금만 더 먹어라, 맛이 없냐, 난리가 난다. 더 안 먹으면 안 보내준다고 해서 더 먹기도 한다.

마흐무드 가족과 잊을 수 없는 일이 있었다. 한번은 데이르 알 고쏜을 떠나 다른 마을에 며칠 머문 적이 있다. 마을을 떠나기 전 마흐무드 식구들이 집에서 직접 과자를 구워 싸주었다. 오가며 먹으라고. 그 정성에 정말 목이 메었다. 그러면서 혹시 내가 아예 떠나버리지는 않을까 걱정하는 것은 물론이고, 잠깐 떠나 있는데도 빨리 돌아오라고 날마다 문자를 보내고 그랬다. 나야 뜨내기라서 그런지 잠깐 여기저기 옮겨 다니는 것이 아무 일도 아니었는데 말이다.

사람의 정이라는 것이 시간의 길이로 쌓이는 것은 아닌 것 같다는 생각이 들었다. 한국에 있을 때는 오랜 시간 무언가를 함께한 사람들인데도 너무도 쉽게 잊히는 것을 많이 봤는데…

마흐무드네 식구들, 짧은 시간 함께한 사람들이지만 이들과 쌓은 정 때문에 두고두고 잊지 못할 것 같다.

마흐무드 가족과 소풍 갔을 때 자밀라가 돌멩이와 올리브 나뭇잎으로 써준 'I Love You, Mini.'

라마단 함께하기

　　라마단이라고 들어보았을 것이다. 나도 들어보기는 했지만 실제 체험하기는 이번이 처음이었다. 한 달 정도 되는 기간 동안 무슬림들은 단식을 한다. 온전히 굶는 것은 아니고 새벽부터 저녁까지, 그러니까 대략 새벽 4,5시부터 저녁 7시까지 밥은 물론이고 물도 마시지 않는다. 그 좋아하던 차도 마시지 않고 담배도 피우지 않는다.

　라마단 기간에는 거짓말도 하지 말고 싸우지도 말라고 한다. 심지어 부부

라마단 시작하고 처음 먹은 밥

관계도 하지 말라고 한다. 사람의 모든 욕망을 참아내면서 몸과 영혼을 다시 한번 깨끗하게 하자는 것이다. 그러면서 신의 존재를 다시 한 번 느끼는 것이다.

모든 사람들이 단식을 하는 것은 아니다. 어린이와 임산부, 노인, 힘든 육체노동을 하는 사람은 단식을 하지 않아도 된다. 이런 모습에서 이슬람이 가지는 여유로움과 배려가 보인다.

나는 무슬림도 아니고 외국인이라 라마단을 지킬 이유도, 단식을 해야 할 이유도 없다. 다만 주위 친구들이 모두 단식을 하고, 어차피 팔레스타인 사람들의 삶을 배우려고 왔으니 이들의 문화를 오롯이 체험해보는 것도 좋을 것 같아 함께 단식을 했다.

단식 중에 친구들과 함께 길을 가다가 아는 사람들을 만나면 친구들은 내가 단식 중에 있다는 이야기를 꼭 했다. 그러면 상대방은 놀라면서 대단하다는 표정을 지었다. 어떤 때는 반갑다는 표정으로 다시 악수를 청하기도 했다. 아직 그 느낌을 정확하게는 모르겠지만, 하지 않아도 되는 사람이 자신들의 문화를 존중하기 위해 단식까지 하는 것이 놀랍기도 하고 고맙기도 한가 보았다.

배고픔보다 더 참기 힘든 것

단식을 하면 배가 가장 고플 줄 알았다. 그런데 배고픔보다 더 힘든 것은 목마름이었다. 물이 그렇게 귀한 것인 줄 몰랐다. 하루해가 지고 저녁때가 되어 마침내 밥을 먹을 수 있는 시간이 되면 가장 먼저 하는 것이 물을 벌컥벌컥 들이키는 것이었다.

담배 피우는 사람들은 물보다 담배가 더 참기 힘들다고 한다. 하루 두 갑도 좋고, 세 갑도 좋고 쉴 새 없이 피워대던 골초들이니 오죽할까? 라마단 시작 전에 미리 **뻑뻑** 피워대더니 라마단 시작하니 정말 신기하게도 담배와 재떨이를 치워버리는 모습을 보고 무척 놀랐다.

라마단을 함께 지내보면 참 재미있기도 하다. 예를 들어 하루 종일 굶은 사람들은 저녁 밥 먹기 한두 시간 전부터 음식을 만들기 시작한다. 그러고는 밥 먹는 시간을 알리는 아단이 나올 때쯤 미리 상을 다 차려놓고 때가 되기만을 기다린다. 내가 배가 고파 빨리 아단 나오라고 숟가락을 들고 모스크를 향해 "배고파, 배고파!" 외치면 친구들이 웃곤 했다.

처음에는 이 생활이 익숙하지 않아 설사를 하기도 했다. 하루 종일 굶다가 밤늦게 잘 차려진 음식을 허겁지겁 먹다 보니(라마단 기간에는 낮에는 단식을 하지만 밤에는 오히려 더 맛있는 음식을 많이 먹는다) 탈이 났던 것이다. 하지만 그것도 잠시, 곧 익숙해지기도 하고 스스로 조절을 하기도 해서 그저 밥 먹는 시간만 기다릴 뿐이었다.

그렇게 저녁을 먹고 나면 동네 사람들끼리 어울려 놀다가 한밤중에 또 먹는다. 그리고 새벽이 되면 첫 아단이 나오기 전에 어여 일어나서 밥 먹으라는 소리가 모스크에서 울려 퍼지기도 한다. 북을 치고 마을을 돌아다니며 밥 먹으라고 말해주는 사람도 있고. 그러면 낮 동안을 생각해서 먹기도 하고 졸리면 그냥 자기도 한다. 나도 어느새 다음날을 위해 뱃속에 미리미리 먹을 것을 저장해두는 습관도 가지게 되었다.

무슬림들은 어릴 때부터 해오던 것이라 힘들기는 하지만 그런대로 지낼 만하다고 했다. 오랫동안 그렇게 했으니 단식이 생활문화가

라마단 기간에는 밤에 시장으로 식사를 하러 나가는 사람이 많아 시장이 더욱 활기를 띤다.

된 것일 테다. 생활문화가 되었다는 것은 사람들이 단식을 하면서 라마단 본래의 의미를 깊이 있게 생각하기도 하고 아니기도 하다는 뜻이다.

또 재미난 것은 세상 어디나 탈선(?)이 있다는 사실. 배고픔과 목마름이 심하면 남들이 안 볼 때 가끔 먹기도 한다. 와엘과 부엌 구석에서 몰래 음식을 먹고 있는데 갑자기 오마르가 들이닥쳐 창피를 당하기도 했다. 어떤 때는 이합과 둘이 뭘 먹다가 밖에서 인기척이 나자, 이합은 얼른 입을 닦고 나만 혼자 음식 앞에서 태연히 먹기도 했다. 나야 무슬림이 아니니 먹어도 되고 안 먹어도 되니까. 또 친구들이 피우던 담배를 내가 갑자기 물고 피우는 척하기도 했다.

잠깐 뭐 좀 먹는다고 크게 욕먹을 것은 없지만 그래도 눈치 보이니 몰래 하게 되는 것이다. 물론 마젠처럼 "난 꼬뮤니스트니까 상관없어."라며 대놓고 먹는 사람도 더러 있다. 동네 어른들이 보면 "으이그… 저, 저!" 하겠지만.

한번은 이런 일도 있었다. 그날은 여성 농민단체에서 활동하는 란다를 만나러 툴카렘에 갔다. 그런데 스페인에서 란다를 만나러 온 사람들이 빵과 음료수를 사 와서는 란다 앞에서 막 먹었다. 모두가 단식을 해야 할 이유는 없으니 먹는 것이 이상한 일은 아니었지만, 앞에 있는 사람은 안 먹고 있는데 자기들은 탁자 위에 먹을 것을 펼쳐놓고 먹는 모습을 볼 때는 조금 어색하기도 했다.

라마단 기간에는 사람들이 밥을 제대로 먹지 못하고, 새벽부터 밥 먹는다고 일어나서 움직이다 보니 낮 시간에 모두들 피곤해한다. 학생들은 학교에서 졸고, 일터에서도 사람들은 기운이 없어 보인다. 그래서 학교도, 은행도 일찍 문을 닫는다. 만약 팔레스타인에서 무언가 해보고 싶은 사람이라면 라마단 기간은 피해서 가는 것도 요령일 듯싶다.

라마단은 무슬림들에게 무척 소중한 시간이다. 그래서 '해피 라마단', '라마단 잘 지내세요'라며 서로 인사를 하기도 하고 문자를 보내기도 한다. 텔레비전에서도 라마단에 맞춰 특집 영화나 드라마를 많이 보여준다.

미국 대통령 오바마가 라마단이 시작될 때 무슬림들에게 축하인사를 보낸 것을 두고 각 언론들은 미국이 이라크와 아프가니스탄에서 전쟁을 벌이는 바람에 나빠진 무슬림과의 관계를 좀 좋게 해보자는 뜻으로 해석하기도 했다.

자카, 수입의 2.5%를 기부하기

이슬람에서는 무슬림들이 꼭 지켜야 할 5가지가 있는데 신앙고백과 예배, 단식, 성지순례 그리고 자카(기부)이다. 해마다 자기 총수입의 2.5%를 자카로 내놓아야 한다. 가난한 사람들은 꼭 물질적인 것이 아니더라도 여러 가지 방식으로 어려운 사람들을 도울 수도 있다.

자카로 모은 돈은 아무 곳에나 쓰는 것이 아니라 가난하거나 어려움에 처한 사람들, 이슬람을 공부하려는 사람들을 위해 쓴다고 한다. 자카는 개인이 직접 가난한 사람에게 전하기도 하고, 이슬람 모스크나 관련 단체에 기부하면 그곳에서 가난한 사람들을 돕기도 한다. 외

라마단 기간이면 평소 모스크를 찾지 않던 사람들도 기도를 하러 모스크로 간다. 크리스마스에만 교회에 나가거나 석가탄신일에만 절에 가는 사람과 비슷하다고나 할까.

국에서 자카로 모은 돈이 팔레스타인으로 들어오기도 하고.

    나는 무슬림은 아니지만 서로 돕고 살자는 의미가 좋아서 자카에 동참하기로 했다. 와엘에게 물어보니 쌀이나 식용유 같은 것을 사서 가난한 사람들에게 나눠주면 좋겠다고 했다. 그래서 와엘의 삼촌이 하는 가게에 가서 먹을 것을 잔뜩 산 뒤 '팔레스타인의 해방을 바랍니다', '한국의 친구들로부터'와 같은 내용이 담긴 편지도 써서 준비했다.

    그런데 와엘이 운전은 자기가 할 테니 물건들은 집집마다 찾아다니면서 나더러 직접 전해주라고 했다. 순간 망설였다. 받는 사람에게 얼굴을 내밀고 직접 건넨다는 것이 어색하기도 하고 쑥스럽기도 할 것 같았다. 팔레스타인에서는 다 그렇게 하냐고 물어보니 그렇단다. 할 수 없이 네 군데 집을 돌면서 먹을 것을 전해주었다.

    라마단이 끝나면 '이드 알 피트르'라는 명절이 온다. 라마단 기간 동안 단식과 욕망을 참아내면서 몸과 마음을 깨끗이 한 뒤에 벌이는 큰 잔치다. 분위기는 한국의 설이나 한가위와 비슷하다. 이드를 앞두고 와엘에게 선물할 옷을 사러 툴카렘에 나갔더니 툴카렘 시내는 그 야말로 사람으로 미어터질 만큼 북적거렸다.

    이드를 앞두고 농장도 많이 바빴다. 라마단 기간에 제법 팔리던 칠면조들이 이드를 앞두고 죄다 팔려나간 것이다. 밤새 칠면조를 잡고 사람과 차와 돈이 오갔다. 덕분에 수천 마리의 칠면조로 시끄럽던 농장이 어느 순간 조용해졌다.

    명절날, 사람들은 새 옷도 사 입고 맛있는 음식도 해먹고 친척들한테 인사도 다닌다. 여동생이 시집을 갔으면 오빠들이 찾아가 돈을 주고 오기도 한다. 나도 명절이라고 평소에 입지 않던 깔끔한 셔츠를 꺼내 입었다. 부모님이 모두 돌아가시고 혼자 사는 와엘이 이드를 앞두고 약간 쓸쓸해 보이기도 했는데 선물로 산 새 옷을 입으라고 주었더니 어찌나 좋아하던지….

우리나라 사람들도 한 달 동안 새벽부터 저녁까지 먹는 것을 삼가는 경험을 해보는 것은 어떨까? 그리고 혹시 무슬림을 만날 기회가 있으면 라마단 기간에 뭐 맛있는 거 먹으러 가자고 하는 대신 축하의 인사말을 건네는 것도 좋을 듯싶다. 아니면 모른 척하고 있다가 라마단이 끝났을 때 작은 선물이라도 하나 건네든지. 아마 상대방은 뛸 듯이 기뻐할 것이다.

팔레스타인 사람들이 사는 지역 주변을 뱀처럼 휘감고 있는 고립장벽

장벽, 삶을 가로막다

2000년 알 아크사 인티파다가 시작되자 2002년부터 이스라엘은 서안 지구 곳곳을 둘러싸는 고립장벽 공사를 시작했다. 8,9미터 높이의 콘크리트 장벽과 철조망을 이용해 팔레스타인 사람들이 사는 지역을 둘러쳤던 것이다. 감옥 속에 사람을 가두는 것이 아니라 사람 사는 지역을 아예 감옥으로 만든 셈이다. 그렇게 거대한 장벽을 만들어놓고 몇 킬로미터마다 출입구 삼아 검문소를 만들었다. 팔레스타인 전체가 거대한 감옥이 된 것이다.

무엇보다 툴카렘 지역은 이스라엘이 장벽 건설을 시작한 초기부터 피해를 받고 있는 지역이다. 특히 장벽이 1948년 전쟁 휴전선인 그린라인보다도 안쪽인 서안 지구 안에 세워지면서 많은 팔레스타인 사람들이 그린라인과 장벽 사이에 갇히게 되었다. 이스라엘 쪽으로도 갈 수 없고 서안 지구로도 마음대로 갈 수 없는 신세가 된 것이다. 쉽게 말해, 좁은 감옥이 싫으면 땅을 두고 조금 더 큰 감옥으로 떠나라는 것.

데이르 알 고쏜은 지금 세 동강 난 상태다. 1948년 전쟁에서 한쪽이 잘려 나가고, 장벽 건설로 또 한쪽이 잘려 나가고, 나머지 땅에 사람들이 살고 있다. 장벽이 들어선 뒤 장벽 너머 고립된 지역으로 들어가려면 이스라엘에게 별도의 허가를 받아야 한다. 허가증은 주로 장벽 너머에 땅이 있어 농사를 지어야 하는 사람들 가운데 40세 이상인 결혼한 남성 일부를 대상으로 발급해준다.

그 외에 친척을 만나려고 힘들게 허가를 얻어도 허가 시간이 채 몇 시간도 되지 않아 몇 년 만에 만나도 잠깐 얼굴만 보고 돌아와야 하는 형편이다.

그린라인을 기준으로 왼쪽은 이스라엘, 오른쪽은 팔레스타인 사람들이 사는 서안 지구다. 그런데 장벽이 서안 지구 안쪽에 세워지면서 그린라인과 장벽 사이에 사는 사람들, 그리고 그곳에 살지는 않지만 그곳에서 농사를 짓는 사람들의 불편함은 이루 말할 수가 없다.

농사를 짓기 위해 장벽을 넘어야 하는 사람들

오늘은 마흐무드가 길 안내를 하고 슈룩이 통역을 도와줘서 장벽 검문소로 가서 사람들을 만나보기로 했다. 우연히 검문소 근처에서 오이 농사를 짓고 있다는 아흐마드 가넴 씨를 만났다. 가넴 씨가 검문소 근처에 서 있기만 해도 이스라엘 군인들이 "꺼져!"라고 소리를 치고, 가끔 비닐하우스를 폭격하기도 한단다. 내가 만일 그 농민이라면, 더운 날 힘들게 농사를 지었는데 다음날 가보니 비닐하우스며 밭이 포탄에 망가진 모습을 보아야 한다면 마음이 어떨까 싶었다.

한국에서는 가족이라고 하면 직계가족 정도를 이야기하지만 팔레스타인에서는 사촌, 팔촌을 넘어 그야말로 대규모의 집안사람을 뜻한다. 팔레스타인 사람들은 집안사람들과의 관계를 아주 중요하게 생각한다. 하지만 가넴 씨의 경우 장벽 너머에 있는 가족들(집안사람들)을 만날 수가 없어 그저 전화로 연락을 하는 정도라고 한다. 가넴 씨는 장벽 너머에 자기 땅이 있는 것이 아니어서 통행 허가를 받기가 더욱 어려운 모양이었다.

검문소는 아침 6시 30분, 낮 12시 30분, 오후 4시 30분에 잠깐 열렸다 닫힌다. 12시 30분, 장벽 너머에서 일을 하고 돌아오는 사람들과 대화를 시도해보았다. 그런데 평소와 다른 일이 벌어졌다. 사람들이 대화를 안 하려고 했던 것이다. 누구에게 말을 걸어도 잘 대해주던 팔레스타인 사람들인데 오늘은 왜 이럴까 싶었다.

사정을 알아보니 혹시나 외국인과 이야기를 나눴다가 허가증 받는 데 문제가 생길지 모른다는 걱정 때문이었다. 몇몇 사람들이 우리

고립장벽이 생긴 이후
팔레스타인 사람들은 자기 밭에 농사를 지으러 갈 때도 검문소를 통과해야만 한다
검문소는 하루 세 번밖에 열리지 않고 허가증이 있어야만 통과할 수 있다

장벽이 들어서기 전까지는 가족 모두 밭에서 함께 일했던 바쌈 씨
하지만 이제는 허가증이 있는 바쌈 씨 혼자서 모든 농사를 도맡아야 하는 현실
올리브 열매가 맺혀도 딸 일손이 없어 살림살이는 자꾸만 어려워진다

를 지나치고 나서야 장벽 너머에 땅을 가지고 있다는 바쌈 씨가 흔쾌히 자기 이야기를 들려주었다.

바쌈 씨네는 장벽이 들어서기 전에는 모든 가족이 밭에 가서 일을 했다고 한다. 하지만 지금은 오직 바쌈 씨만이 허가증을 갖고 있어 제대로 일을 할 수 없다고 한다. 올리브 열매가 열려도 딸 일손이 없고, 비닐하우스 같은 것을 하려고 해도 설치할 돈도 없고 작업을 하기도 어렵다고 한다. 장벽이 들어서기 전에 비해 수입은 90% 가량 떨어졌단다. 그나마 일하러 갈 때도 매번 혹시 쇠붙이를 가지고 있지는 않나 해서 이스라엘이 설치해둔 검색기를 통과해야 한단다. 무척 기분 나쁘지만 힘이 없으니 아무것도 할 수 없단다.

장벽 사진을 찍다가 슈룩에게 나야 외국인이라서 사진 찍는 것이 괜찮겠지만 팔레스타인 사람도 사진 찍는 것이 괜찮은지 물었다.

"괜찮아요. 하지만 팔레스타인 사람들은 사진이 필요 없어요. 마음속에 있으니까요."

이스라엘 군인들과 이야기를 해보려고 가까이 가서 "헬로우, 헬로우" 하는데 팔레스타인 친구들이 돌아오라고 손짓을 한다. 무슨 일이 벌어질까 봐 걱정스러운 모양이다. 이때의 '무슨 일'이란 물론 총을 쏘는 것이겠지. 하지만 외국인을 향해 총을 쏘는 일은 어지간해서는 벌어지지 않으니 걱정은 없다. 다만 총을 쏘지 않는 이유가 사람 목숨을

소중히 여겨서가 아니라 시끄러워지기 때문이라는 것이 아쉬울 뿐.

3명의 이스라엘 군인에게 차례로 말을 걸었다. 첫 번째 군인은 이야기를 할 수 없고 자기 쪽으로 넘어오지 말라고 하면서 차 안에 있으라며 돌아서버린다. 두 번째와 세 번째 군인은 이야기 좀 할 수 있겠냐고 말을 걸어도 못 들은 척한다. 순간 나도 모르게 입에서 "사람이 무슨 말을 하면 대답을 해야 할 거 아이가!" 하는 말이 튀어나왔다.

참 싫다. 같은 사람인데, 지배당하는 자는 지배하는 자를 향해 끊임없이 두려워하고 분노하고 복종해야 하고, 지배하는 자는 지배당하는 자를 향해 총을 들이대고 소리 치고 무시하는 것 말이다. 윗사람들의 지시 때문인지 아니면 스스로 생각해도 자신들의 행동이 떳떳하지 못해서인지 지배하는 자들은 곁에서 바라보는 사람들의 눈길마저 피했다.

일상 속의 식민지

마흐무드 집 사정도 다른 집과 다를 게 없다. 아부 마흐무드는 부모님으로부터 땅을 물려받았는데 그 땅의 절반이 장벽 너머에 있다. 예전에는 그냥 오가며 농사짓던 땅이 어느 날 갑자기 허가증이 있어야 하고, 그것도 정해진 시간에만 오갈 수 있는 땅이 되어버린 것이다. 이마저도 언제 길이 끊어질지 아무도 모른다.

오늘은 아부 마흐무드가 장벽 너머 올리브를 수확하러 가는 길을 따라가 보기로 했다. 허리가 아픈 아부 마흐무드로서는 마흐무드와 아셈이 함께 일을 하러 가면 좋겠지만 마흐무드와 아셈은 허가증이 없다. 나는 외국인이니 혹시 어떻게 해서 검문소를 지날 수 있게 되면

일하러 가기 위해 검문소 앞에서 기다리는 사람들

검문소 앞에서 기다리다가 이스라엘 군인이 두세 명씩 오라고 손짓을 하면, 앞으로 나가 윗옷을 벗고 허리띠까지 풀어서 맨살을 보여주며 아무것도 없음을 증명해야 한다. 그런 다음 신분증과 특별 허가증 검사를 받는다.

아부 마흐무드를 도와주기로 했다.

택시를 불러 타고 산속에 있는 검문소 근처까지 갔다. 물론 다른 길은 없다. 검문소에서 조금 떨어진 곳에서 내린 뒤부터는 우리는 서로 모르는 사람이 되었다. 아부 마흐무드가 외국인을 끌고 왔다고 이스라엘 군인들이 시비를 걸지 모르니 알아도 모르는 사람이 된 것이다.

아부 마흐무드가 먼저 검문소로 들어갔다. 조금 있다 내가 검문소로 갔다. 군인에게 사람들이 일하는 모습을 보고 싶으니 지나가면 안 되겠냐고 하니 자기한테는 그럴 권한이 없다며 안 된다고 했다. 몇 번 이런저런 이야기를 했지만 역시 안 된다며 뒤돌아가 버린다. 검문소 너머에서는 아부 마흐무드가 모른 척하면서 나를 기다리고 있었다. 하지만 어떻게 할 수가 없었다. 결국 아부 마흐무드에게 안 되겠다는 눈짓을 보냈다.

조용히 몸을 돌리는 아부 마흐무드의 뒷모습을 보면서 이것이 팔레스타인이구나 싶었다. 가고 싶어도 갈 수 없고, 알아도 아는 체할 수 없는 땅, 식민지!

눈물의 땅, 팔레스타인

식민 상태에 놓인 팔레스타인
이스라엘은 건국 이래 전쟁을 통해 영토를 확장하고 주변 국가들을 무력화시키는 한편, 팔레스타인 내에서는 팔레스타인에 대한 지배와 억압도 계속해나갔다. 팔레스타인 해방 운동과 관련된 사람들을 체포·구금·살해·추방하였고, 자유를 주장했다는 이유로 언론사를 폐쇄하고, 언론인들을 감옥에 집어넣었다.

1948년 이스라엘이 점령한 지역에 사는 팔레스타인 사람들에 대해서는 온갖 차별 정책에도 불구하고 이스라엘 시민권을 준 반면, 가자 지구와 서안 지구에서는 시민권은커녕 군사 공격, 검문소 설치, 학교 폐쇄 등이 광범위하게 벌어졌다. 이스라엘 군인들은 아이들이 학교 가는 길을 가로막았고, 임산부들은 검문소에 막혀 병원에 가지 못해 거리에서 아이를 낳아야 했다. 감옥에서는 몸과 정신에 대한 온갖 종류의 고문이 벌어졌고, 팔레스타인 사람들이 농사짓던 땅을 몰수하여 키부츠를 비롯한 유대인 마을과 농장으로 바꾸기도 했다.

팔레스타인 사람들은 이에 맞서 1987년, 자유와 민주주의를 향한 인티파다를 시작했고, 이스라엘은 팔레스타인 사람들의 저항을 잠재우기 위해 1993년, 이스라엘에게 순종적인 팔레스타인 자치정부의 수립을 허용했다. 2000년에는 팔레스타인 사람들이 2차 인티파다를 시작했다. 팔레스타인 사람들은 총을 쏘고 돌을 던지며 이스라엘의 점령 중단을 요구했고, 이스라엘은 전투기와 탱크를 동원해 이들을 공격했다.

그뒤 2006년 자치정부 총선을 통해, 이스라엘에 순종하기를 거부하는 하마스 정부가 들어섰다. 그러자 이스라엘은 무력을 동원해 하마스 정부를 무너뜨리고 아무 정당성도 없는 이름뿐인 '팔레스타인 자치정부'를 구성하였다.

팔레스타인 사람들이 사는 법
팔레스타인 사람들 가운데는 난민이 되어 요르단, 시리아, 레바논 등으로 떠난 이들도 많다. 이들은 지금까지도 난민촌에서 생활하고 있는데, 이스라엘의 공격을 피해 이라크로 피난을 갔다가 2003년 미국이 이라크를 공격하자 또다시 난민이 되어 유럽과 라틴 아메리카 지역으로 떠난 사람들도 있다.

이스라엘로 인해 고향으로 돌아갈 권리를 거부당하고 있는 팔레스타인 난민의 수는 전 세계에 걸쳐 7백만여 명에 이르며, 이런 와중에 이스라엘은 전 세계에서 스스로 유대인이라고 주장하는 사람이면 누구나 이스라엘로 불러들이고 있다. 건국 과정에서도 그랬지만 이스라엘의 큰 고민 중 하나가 팔레스타인에서 유대인이 다수를 차지하도록 만드는 것이기 때문이다. 그래서 유대인을 수입해야 하는 상황이 벌어진 것이다.

팔레스타인 사람들의 삶을 표현하기란 복잡하다. 간단히 가자 지구와 서안 지구의 상황을 살펴보면, 이스라엘은 팔레스타인 노동자들을 공장이나 건설현장 등에서 쉽게 쓰다 쉽게 버린다. 이스라엘 노동자들에 비해 임금을 절반만 줘도 되고, 각종 복지나 노조에 대한 부담도 덜 수 있기 때문이다. 또 아동·청소년들이 공사장이나 식당에서 일하는 것도 흔히 있는 일이다. 이스라엘 법에서는 아동·청소년 고용을 금하고 있지만, 이스라엘은 곳곳에서 팔레스타인 아동·청소년을 싼 값에 고용해 쓰고 있다. 또한 이스라엘 기업과 경쟁할 가능성이 있는 팔레스타인 기업의 설립과 팔레스타인 농산물의 이동을 가로막으면서, 팔레스타인 사람들에게는 이스라엘 상품을 팔고 있다. 수자원을 장악한 이스라엘은 팔레스타인 사람들에게는 우물 하나 팔 수 없도록 막으면서 이스라엘로부터 물을 사서 쓰도록 만들기도 한다.

서안 지구에 비해 가자 지구의 상황은 더욱 열악하다. 2006년 이후 이스라엘은 가자 지구에 대한 봉쇄를 강화해 노동자와 환자는 물론이요 식료품·의약품·석유 등의 이동을 차단하거나 제한하고 있다. 할 수 없이 팔레스타인 사람들은 가자 지구와 이집트 사이에 땅굴을 파서 각종 생필품은 물론 가축과 오토바이까지 들여오고 있다. 하지만 땅굴에 대한 이스라엘의 폭격, 붕괴와 감전사고로 땅굴 속에서 죽어가는 팔레스타인 사람들이 계속 늘어나고 있다.

팔레스타인 경제의 특징 가운데 하나는 해외 원조에 의지하는 비율이 높다는 것이다. 2006년에 실제로 그랬듯이, 해외 원조의 송금이 차단되면 자치정부는 곧바로 공무원들의 월급을 못 주게 된다. 또 하나의 특징은 인구에 비해 군과 경찰의 수가 아주 많다는 것이다. 그 까닭은 원조를 보내는 아랍이나 유럽 국가들이 팔레스타인 자치정부에게 군·경찰을 이용해 이스라엘에게 저항하는 팔레스타인 사람들을 억압하라고 요구하고 있기 때문이다. 부패한 자치정부의 개혁을 요구하는 사람들을 감옥으로 보내는 일 역시 팔레스타인 군과 경찰이 자주하는 일이다.

헤브론 올드시티의 모습. 팔레스타인 사람들의 상점인데 이스라엘에 의해 강제로 문을 닫은 상태다.

'팔레스타인 사람 비우기'가 한창인 헤브론

팔레스타인 지도를 펼쳐 서안 지구 쪽을 보면 한가운데 예루살렘을 찾을 수 있다. 그 아래에는 예수의 탄생과 관련이 있는 베들레헴이 있다. 베들레헴에 가면 예수 관련 유적지도 많고 기독교인들도 많이 살고 있다.

베들레헴을 따라 다시 내려가면 헤브론이라는 곳이 있는데, 헤브론은 예루살렘과 함께 이스라엘이 추진하고 있는 '팔레스타인 사람 비우기'의 주요 대상이 되고 있는 곳이다. '팔레스타인 사람 비우기'는 말 그대로 쫓아내든 못 살게 만들어서 떠나게 하든 팔레스타인 사람들을 몰아내고 그곳에 유대인을 이주시키겠다는 것이다.

문명의 충돌이 어떻고, 종교 전쟁이 어떻고 하면서 기독교와 이슬람은 공존할 수 없고, 팔레스타인에서 아랍인과 유대인은 함께 살 수 없을 것이라고 생각하는 사람들이 많다. 그렇게 따지자면 기독교인이 많은 미국과 유대인이 많은 이스라엘은 친구가 될 수 없다. 왜냐하면 로마 사람들에게 예수를 죽이자고 한 것이 바로 유대인들이니까.

19세기 말 유럽에 흩어져 살던 유대인들은 팔레스타인으로 가서 유대 국가를 만들자며 '시오니즘 운동'을 일으켰다. 이러한 시오니즘 운동이 팔레스타인으로 퍼져나가기 전에도 이미 헤브론에서는 무슬림과 유대인들이 섞여 살고 있었다. 그런데 19세기 말 시오니즘 운동이 팽창하고, 20세기 초부터 시오니스트들이 팔레스타인 지역으로 몰려들면서 헤브론에서는 유대인 대 무슬림, 거주 유대인 대 이주 유대인(시오니스트)들의 갈등이 생기기 시작했다.

1929년, 시오니스트들은 무슬림과 유대인 모두에게 성지인 예루살렘에서 반아랍 시위를 벌였다. 이들은 시오니스트 깃발을 들고 알아크사 모스크 주변(유대인들이 말하는 통곡의 벽)의 소유권을 주장했다. 유대인의 대규모 이주와 토지 매입으로 가뜩이나 불만이 쌓여가던 아랍 사람들은 이 시위를 계기로 폭발했고, 전국적으로 유대인과 아랍 사람들 사이에 큰 충돌이 벌어져 많은 사람이 죽고 다쳤다.

이때 헤브론에서도 아랍인이 유대인 수 십 명을 살해하는 일이 벌어졌는데, 살해당한 대부분의 유대인들은 시오니스트들이었고, 아랍 사람들이 보호해주고 숨겨준 유대인들은 대부분 예전부터 헤브론 지역에서 살고 있던 유대인들이었다고 한다.

1967년, 이스라엘은 헤브론을 포함해 팔레스타인 서안 지구를 점령했다. 이때 이스라엘이 헤브론에 설치한 군사 기지가 나중에 점령촌이 되었고, 아랍인의 학교는 유대인의 학교로 바뀌어 이스라엘 깃발을 휘날리고 있다. 그리고 1977년 이후부터는 '성지' 라는 명분으로 헤브론에 이스라엘 점령촌 건설을 확대하고 있다.

하늘을 향해 철조망을 쳐야 했던 사람들

2006년에 이어 3년 만에 다시 헤브론을 찾았다. 그때나 지금이나 휘날리는 이스라엘 깃발, 곳곳에 둥지를 틀고 있는 점령촌, 여기저기 문을 굳게 닫은 가게들은 여전했다.

헤브론에 있는 이스라엘 점령촌 입구. 출입문 너머 보이는 팔레스타인 상점들은 강제로 폐쇄되었다. 사진 오른쪽으로 이스라엘 군 감시탑이 보인다.

1967년 점령 이후, 이스라엘은 헤브론에 있는 500여 개의 상점들을 강제로 문을 닫게 했다. 당시 이스라엘 군인들이 용접해버린 가게 철문들을 지금도 볼 수 있다.

3년 만에 다시 찾은 헤브론에는 문을 연 가게도 얼마 되지 않는데다, 양쪽으로 늘어선 가게를 따라 길 위에는 여전히 철망이 쳐져 있고 철망 위에는 온갖 쓰레기들이 널려 있었다. 사정은 이렇다. 헤브론에서 팔레스타인 사람을 모두 내쫓기로 작정한 이스라엘은 헤브론 한가운데를 완전히 몰수해 점령촌으로 만들었다. 그러다 보니 점령촌 맨 바깥쪽 건물들은 팔레스타인 사람들의 생활공간과 겹치게 되었다. 그러자 이번에는 맨 바깥쪽 건물들의 2층(헤브론 시장통에는 2층 건물들이 많다)을 몰수해서 이스라엘 점령민들에게 살도록 했다.

집들이 다닥다닥 붙어 있는 가운데 이스라엘 점령민들은 건물 사이에 다리를 놓아 안쪽의 점령촌 쪽으로 다닐 수 있는 길을 만들었다. 그리고 2층 곳곳에 초소를 만들어 군인들의 보호를 받으며 그들만의 생활공간을 따로 만들었다. 그러고는 아래를 지나는 팔레스타인 사람들을 향해 돌과 쓰레기, 이런저런 오물들을 집어던졌다. 할 수 없이 팔레스타인 사람들은 하늘을 향해 철조망을 치게 되었다.

3년 만에 다시 가보니 일부에는 철조망에 덧대어 천막까지 쳐 놓았다. 천막에는 곳곳에 큰 구멍이 나 있었는데, 점령민들이 화학물질을 뿌려 그렇게 되었다고 한다. 의자도 집어던지고 화학물질도 뿌려대니 군인만 팔레스타인 사람들에게 폭력을 휘두르는 것이 아니라는 것을 알 수 있었다.

이스라엘 점령민과 군인들은 집과 집 사이에 놓은 다리와 지붕을

2,3백 년씩 된 집들이
늘어서 있는
헤브론의 올드시티
하지만 그곳의 삶은
한숨 가득한 풍경이었다

헤브론 시내 골목 곳곳을 가로막고 있는 이스라엘 검문소

이용해 건너다니며 아랫쪽의 팔레스타인 사람들을 괴롭히고 있다. 또 골목 곳곳을 막아 사람들의 통행을 막다 보니 팔레스타인 사람들은 할 수 없이 이 집 저 집 담을 타 넘고 다니기도 한다.

헤브론은 도시 한가운데 있는 길 하나를 놓고 팔레스타인 자치정부 관리지역과 이스라엘 관리지역으로 나뉜다. 그렇다 보니 도시 한가운데서 팔레스타인 경찰이 도로를 건너가지 못하는 일도 벌어진다. 관리 권한이 없으니 경찰 복장을 하고는 길을 건널 수 없는 것이다.

헤브론에서 이스라엘이 팔레스타인 사람들을 떠나게 만드는 방법 가운데 하나는 팔레스타인 사람들의 안전에 대해 전혀 신경을 쓰지 않는 것이다. 이스라엘 점령민들이 팔레스타인 사람들을 괴롭히는 것을 옆에서 뻔히 보면서도 이스라엘 경찰들은 가만히 있다. 그리고 팔레스타인 사람이 억울함을 하소연하러 경찰서에 가면 몇 시간도 좋고 하루도 좋고 마냥 기다리게 한다. 그러니 팔레스타인 사람들은 억울한 일을 당해도 참고 있을 수밖에.

시장에서 장사를 하고 있는 테이시르 씨의 사연을 들어보면 이스라엘이 팔레스타인 사람들에 대해 어떤 입장을 가지고 있는지 잘 알 수 있다. 테이시르 씨 가게는 1층에 있고, 2층에는 이스라엘이 팔레스타인 사람들을 감시하기 위해 설치해둔 감시 카메라가 있다. 그리고 주변 곳곳에는 이스라엘 군 초소가 있다.

하루는 밤에 도둑이 큰 자물쇠로 단단히 잠가 놓은 문을 뜯고 가게 안에 있는 모든 물건들을 훔쳐갔다. 그런데 이스라엘 경찰들은 도둑이 물건을 훔쳐가는 것을 눈앞에서 보고도 가만히 있었다고 한다.

이런 식으로 팔레스타인 사람들이 살기 힘들어지면 이 지역을 떠날 거라고 생각하는 것이다.

공존이 아닌 점령

헤브론에는 무슬림들에게 아주 중요한 아브라함 모스크가 있다. 그런데 무슬림들은 아브라함 모스크에 기도하러 가기까지 100미터도 안 되는 길에서 검문을 세 번이나 받아야 한다. 검문소를 지날 때마다 가방을 열고 호주머니에 있는 것을 모두 꺼내 보여야 한다. 나와 함께 갔던 팔레스타인 사람들은 첫 검문소에서 풀었던 허리띠를 다시 매지 않고 아예 들고 다녔다. 어차피 풀고 또 풀어야 하니까.

아브라함 모스크 안의 모습은 다른 모스크처럼 평범했다. 바닥에는 카펫이 깔려 있고, 사람들은 기도를 하고 있었다. 한쪽에는 꾸란을 읽는 사람들이 있었다. 하지만 특별한 점도 몇 가지 있었다.

첫 번째는, 1994년에 한 유대인이 총을 들고 아브라함 모스크에 들어와 기도하고 있던 사람들을 향해 마구 쏘아 29명이 죽었다. 지금도 그때의 총탄 자국이 벽에 남아 있다. 나시프의 소개로 나를 안내해 주던 히샴 씨에게 도대체 왜 그런 일이 벌어지는지 물었더니, 이스라엘 우익들은 팔레스타인이 원래 이스라엘 땅인데 아랍인들이 점령하고 있는 것일 뿐, 아랍인은 이 땅에서 살 권리가 없다는 생각을 갖고 있다고 한다. 그렇다 보니 자신들의 땅을 점령하고 있는 아랍인들을 몰아내는 것을 당연하다고 여긴다는 것이다.

두 번째는, 이스라엘은 이 지역을 점령한 뒤 아브라함 모스크를 무슬림 기도 구역과 유대인 기도 구역으로 두 동강 냈다. 모스크 안에

헤브론에 있는 아브라함 모스크 안에 이스라엘이 설치한 감시 카메라

들어가면 두 구역을 나누는 철문이 굳게 닫혀 있고, 희미한 창문과 조그만 문틈으로 건너편에서 유대인들이 기도하는 모습을 잠깐 볼 수 있다.

세 번째는, 이스라엘은 무슬림들이 기도하는 모스크 안에 여러 개의 감시 카메라를 설치해두었다. 무슬림들이 모스크 안에 무기를 숨기고 들어와 유대인들을 공격하려 한다는 것이다. 하지만 거리와 건물, 모스크 안 곳곳을 24시간 카메라로 감시하고 있는데 팔레스타인 사람들이(설령 그렇게 하고 싶다고 해도) 귀신이 아닌 이상 무슨 재주로 무기를 숨길 수 있을까?

사람들은 흑인과 백인, 남성과 여성, 유대인과 무슬림의 공존을 이야기한다. 내가 헤브론에서 느낀 것은 단지 같은 공간에 머문다고 해서 공존은 아니라는 사실이다. 공장에서 사장이 노동자를 착취하고, 가정에서 남편이 아내를 때린다면 그들이 한 공간 안에 머물고 있다 해서 공존한다고 말할 수는 없을 것이다.

아브라함 모스크 주변 1제곱킬로미터 안에 장벽과 철문을 100여 개나 만들어 팔레스타인 사람들이 오가는 것을 막고, 학교 가려는 아이들이 길을 막고 서 있는 군인들과 싸워야 하는 상황에서, 단지 좁은 공간에 함께 살고 있다고 해서 공존이라 할 수 있을까? 사람이 함께 산다는 것은 단순히 공간만을 의미하는 것이 아니라 사람과 사람이 맺는 이해와 평등의 관계를 의미하는 것이 아닐까?

같은 공간에 산다는 것만으로 공존이라 할 수 있을까?
공존이란 사람과 사람이 맺는 이해와 평등의 관계를 뜻하는 것은 아닐까?

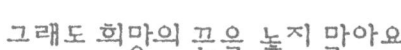
그래도 희망의 끈을 놓지 말아요

팔레스타인 사람들 가운데는 척 봐도 건강 상태가 안 좋아 보이는 사람들이 많다. 젊은 나이에 이가 여러 개 빠진 사람도 많고, 너무 살이 쪄서 조금만 걸어도 헐떡이는 사람도 있다. 많은 여성들이 하루 종일 집에만 있으면서 온갖 스트레스에 시달린다. 그렇다 보니 남녀노소 할 것 없이 설탕과 담배를 엄청 먹어대고 피워댄다.

불안정한 정치와 경제 상황은 건강을 나쁘게 만들 수밖에 없다. 이스라엘 군인들은 걸핏하면 사람들을 잡아가서 가두고 총을 쏘고 미사일을 쏘아대지, 속은 답답하고 열 받지, 돈이 없으니 병원에 가기도 쉽지 않지, 그렇다 보니 건강에 대해 관심을 가질 여유도, 관련된 정보를 얻을 기회도 적다. 그러니 건강이 엉망일 수밖에.

얼마 전 나블루스에 가서 탈랄(YDA 활동가)을 만났다. 3년 전에

신분증 색깔로 사람을 구별 짓고 차별하는 세상
이 아이들이 어른이 되었을 무렵에는
부디 그런 세상이 아니기를

만났을 때 탈랄은 아들이 있었다. 그때, 아들이 병이 있어 수술을 해야 하는데 돈이 없다며 걱정을 많이 했다. 3년 뒤, 다시 만난 탈랄은 누군가의 사진이 찍혀 있는 옷을 입고 있었다. 누구냐고 물으니 3년 전에 말했던 그 아들이 암으로 죽었다고 했다.

이런저런 생각을 하며 길을 가다가 제나를 만나 안고 사진을 찍었다. 제나는 내가 볼펜을 사려고 할 때 그냥 가져가 쓰라며 주던 가겟집 주인의 두 살배기 딸이다. 세상 어딜 가나 아이들은 예쁘고 사랑스럽다. 그리고 아이들을 보면 여러 가지 생각을 하게 된다. 제나는 아직 어려 팔레스타인이니 이스라엘이니 하는 것은 모를 것이다. 자신이 앞으로 살아갈 세계가 어떤 세계인지도 모를 것이다.

팔레스타인 사람들을 만나다 보면 아이들을 위해서라도 세상을 바꿔야 한다고 말하는 사람들이 많다. 내가 팔레스타인 사람이라도 그럴 것 같다. 어른들이야 그렇다 쳐도 아이들이 도대체 무슨 죄가 있단 말인가!

누구는 양반으로 태어나고 누구는 종으로 태어나는 신분처럼, 태어날 때 이미 삶의 많은 것이 정해져 있는 사람들처럼, 팔레스타인 사람들은 초록색 신분증을 가지느냐, 파란색 신분증을 가지느냐에 따라 달라지는 인생을 살고 있다. 가자와 서안 지구에 사는 팔레스타인 사람들의 신분증은 초록색이고, 이스라엘 사람들은 파란색인 것이다.

하지만 주인과 종이라는 신분이 세상에서 조금씩 사라졌듯이, 채찍을 든 백인과 일하는 흑인의 관계가 조금씩 바뀌었듯이, 이스라엘과 팔레스타인이라는 신분의 차이도 언젠가는 사라질 것이다. 언젠가는…

제나야!

오늘 너를 만나 안아보니 어느새 내가 오래 알고 지내던 동네 아저씨 같네. 넌 아니라고? 섭섭하지만 할 수 없지 뭐.

너도 이제 조금 더 자라면 학교도 가고 세상 돌아가는 것을 겪기도 할 거야. 그렇게 살다 보면 힘든 순간도 많이 있을 거고. 우리 어깨 위에 두 천사가 앉아 있는 것처럼 삶에도 행복과 불행, 고통과 기쁨이 함께 있는 거니까.

어려운 일 있어도 쉽게 포기하지는 말았으면 좋겠어. 희망이 없어서 포기하는 것이 아니라 포기하기 때문에 희망이 우리에게 오지 않는 건지도 모르니까. 우리에게 언제나 맛난 올리브를 안겨주는 저 나무는 때마다 올리브를 맺기 위해 얼마나 많은 비를 맞고 거센 바람을 견뎠을까 싶어.

그래도 그래도 살다가 정 힘들거든 아무도 모르는, 너만 아는 올리브 나무 아래서 눈물 바가지 크게 한번 쏟으렴. 울어서 약해지는 게 아니라 더 강해지기 위해서 우는 거라 생각하고 말이야. 마지막 눈물 닦고 나서 일어서며 어금니 한번 꽉 깨물고 '그래 까짓 거' 하면서 웃어버리려무나. '올 테면 와 봐라' 하면서 인생에 맞서는 거지.

그렇게, 그렇게 살다 보면 느리지만 조금씩 바뀌는 삶을 경험하게 될 거야. 조금씩, 조금씩 떠오른 해가 온 세상을 밝히듯이 말이야.

제나야, 난 조금 있으면 팔레스타인을 떠나. 언제 다시 이곳으로 오게 될지 그야말로 '인샤알라(신이 원하신다면)'야. 지난번엔 너희 아빠가 나를 위해 볼펜을 선물했지만 다음번 올 때는 내가 너를 위해 선물을 가지고 올게. 그때 우리 다시 만나자. 너도 나도 건강하고 행복한 모습으로.

로마 시대 유적이 많이 남아 있는 세바스티아

멈춰! 거기 서!

　며칠 전, 탈랄(YDA 활동가)이 내게 세바스티아(Sebastia)라는 곳에 가서 생활해보면 어떻겠냐고 했다. 한곳에만 있는 것보다 다른 곳도 경험해보는 것이 더 좋지 않을까 하는 뜻에서였다. 세바스티아의 YDA에서 나를 맞이할 준비를 해놓고 있다는 말도 덧붙였다.

　탈랄의 의견대로 다른 지역의 팔레스타인 사람들은 어떻게 사는지 몸소 경험해보기 위해 인구 3천 명 정도의 작은 시골 마을인 세바스티아로 거처를 옮기기로 했다. 이미 팔레스타인에서 머물기로 한 일정의 절반을 넘기고 있는 상황에서 다만 열흘만이라도 다른 마을 사람들이 살아가는 모습을 보고 싶었기 때문이다.

세바스티아로 거처를 옮길 때 작은 소동이 있었다. 데이르 알 고쏜에 있는 친구들이 가지 말라고 했던 것이다. 필요한 것이 있으면 다 해주고 불편한 것이 있으면 해결해줄 테니 가지 말라고. 나도 마음이 흔들렸다. 팔레스타인을 떠날 날이 얼마 남지도 않았는데 그들과 떨어진다는 것이 조금 그랬다. 하지만 조금이라도 더 많은 경험을 하고, 조금이라도 더 많은 사람들을 만나보는 것이 한국과 팔레스타인을 잇는 데 도움이 될 것 같아 친구들에게 불편해서 그런 것이 아니라 다른 곳을 보고 싶어서 그런다며 설득을 했다.

세바스티아로 가는 길은 그리 어렵지 않다. 쎄르비스를 타고 툴카렘을 거쳐 나블루스로 가서 다시 쎄르비스를 타면 된다. 그런데 굳이 와엘이 차로 데려다주겠다고 했다. 1시간 넘게 운전을 해야 하는데도 말이다. 내가 앞자리에 앉고, 뒷자리가 세 자리 비니 친구 세 명까지 함께 타고 세바스티아로 향했다.

먼저 YDA 사무실로 갔다. 위즈단이 우리를 반갑게 맞이했다. 위즈단은 세바스티아 지역의 YDA 책임자로, 여성이 지역 책임자를 맡고 있는 경우는 흔치 않았다.

위즈단 옆에는 YDA 활동가이자 닭과 오이를 키우는 농장에서 일하고 있는 가잘이 앉아 있었다. 그리고 위즈단의 남동생 오사마, 차분한 웃음을 가진 YDA의 대학생 회원 람지를 비롯해 처음 보는 얼굴들과 일일이 인사를 나누었다. 그러고는 아쉽지만 열흘 뒤에 다시 만나자고 하고는 데이르 알 고쏜에서 세바스티아까지 데려다준 친구들과 작별인사를 했다.

고대 로마 유적이 가득한 세바스티아

팔레스타인을 여행해본 사람은 알겠지만, '세바스티아'라는 이름 자체가 아랍식 이름이 아니다. 세바스티아는 로마 시대 때부터 있던 마을이다. 마을 자체가 유적지이고, 마을 사람들은 여전히 고대 문명과 함께 살고 있다. 팔레스타인에 갈 기회가 생기면 꼭 한번 가보시길.

역사와 유물이 세바스티아를 표현하는 하나의 말이라면, 세바스티아와 마주보고 있는 샤비 샤므론(Shavi Shamron)이란 이름의 이스라엘 점령촌은 세바스티아를 표현하는 또 다른 말일 것이다. 샤비 사므론 점령촌이 자리한 곳은 원래 요르단이 점령하고 있었는데, 1967년 전쟁에서 이스라엘이 이 지역을 점령하면서 자기들의 군사 지역으로 만들었다. 처음에는 군사 훈련장 정도였던 것이 지금은 점점 커져 큰 점령촌으로 변해가고 있다. 점령촌을 넓히면서 이스라엘은 팔레스타인 사람들의 올리브 밭을 점점 더 빼앗아가고 있다.

세바스티아에 짐을 푼 며칠 뒤, 위즈단 가족들과 함께 올리브 밭으로 갔다. 올리브 수확 과정에서 이스라엘 군인들과 점령민들이 팔레스타인 사람들을 해코지 할지도 몰라 함께 가기로 한 것이다. 이스라엘은 이미 위즈단 가족의 땅 가운데 많은 부분을 빼앗았다고 한다. 두어 해 전만 해도 가을이면 올리브를 수확하던 곳이 지금은 철조망에 가로막혀 푸른 올리브 나무들을 눈앞에 두고도 갈 수가 없다고 한

세바스티아에 있는 이스라엘 점령촌 모습

저기 보이는 곳이 이스라엘 점령촌이에요
그렇군요. 그런데 집들의 모양이나 색깔이 대부분 비슷한 것 같아요
맞아요. 왜냐하면 정부에서 디자인해서 제공하는 집들이니까요
다른 곳도 그렇고 점령촌은 대부분 언덕이나 산 위에 있는 것 같아요
팔레스타인 사람들을 감시하려고 그러는 건가요?
맞아요. 위에서 아래를 보며 감시하고 통제하려고 다 산 위에 짓는 거예요다. 우리가 함께 간 곳은 아직은 빼앗기지 않아 그나마 올리브 수확을 할 수 있지만, 그곳도 이스라엘의 점령촌과 얼굴을 마주하고 있기 때문에 언제 빼앗길지 모르는 밭이라고 했다.

위즈단의 아버지, 삼촌과 간단히 인사를 하고 올리브 밭을 걷는데 위즈단 아버지가 일단 카메라는 숨기든지 아니면 나무들 사이에 숨어 찍으라고 했다. 내가 올리브 밭뿐만 아니라 바로 앞에 있는 점령촌 사진도 찍을 것이라는 사실을 알고 있기 때문이었다. 카메라를 숨기고 위즈단 아버지의 설명부터 들었다.

눈앞에 있는 이스라엘 점령촌에서 팔레스타인 사람들이 사는 지역을 향해 하수를 버리는 관이 보였고, 그 아래로 썩은 물이 고여 있었다. 위즈단 아버지는 연신 코를 가리키며 고약한 냄새를 맡아보라고 했다. 이스라엘 사람들이 팔레스타인 사람들이 사는 쪽으로 쓰레기를 버리는 것은 본 적이 있지만 하수를 버리는 장면은 말로만 듣다가 처음 보았다.

언덕 위에는 이스라엘 점령촌 집들이 가지런히 놓여 있었고, 감시탑이 주변을 지켜보고 있었다. 위즈단 아버지가 군인들이 안 보일 때 얼른 사진을 찍으라고 했다. 채 1분도 되지 않는 시간 동안 나는 네다섯 장의 사진을 찍었다. 그러고는 마치 죄 지은 사람마냥 바로 돌아서서 걷기 시작했다. 그런데 맨 뒤에 서 있던 위즈단 아버지가 "얄라 얄라!(빨리 빨리)" 하는 순간 벌써 저 멀리서 쏜살같이 달려오는 이스라엘 지프 소리가 들렸다. 나도 덩달아 앞 사람들에게 "얄라 얄라!"를 주문하면서 서둘러 걷는데 어느새 바로 뒤에서 쿵쿵거리며 이스라엘 군인들이 달려왔다.

"멈춰! 거기 서!"

할 수 없다. 일이 벌어졌으니 수습을 해야지. 멈춰 서서 돌아보니 맨 뒤에 걷고 있던 위즈단 아버지가 이스라엘 군인들을 향해 서 있었다. 이런 상황에서는 팔레스타인 사람보다는 외국인인 내가 나서는 것이 낫겠다 싶어 얼른 군인들 앞으로 다가갔다.

군인: 여기서 뭐하는 거야?
미니: 그냥 둘러본다.
군인: 니 사진 찍었재?
미니: 응.
군인: 여기서 사진 찍으면 안 된다.
미니: 와?
군인: 군사 지역이다.
미니: 여기에 아무런 경고나 표시도 없는데 외국 사람인 내가 군사 지역인지, 사진을 찍으면 되는지 안 되는지 우째 아노? 표지판을 세우지 그라노!
군인: 이 넓은 지역에 표지판을 우째 다 세우노?
미니: 그럼 표지판이 없는데 내가 군사 지역인지 우째 아노?
군인: 하여튼 사진 찍으면 안 된다. 사진은 니 혼자 찍었나?
   (다른 사람들도 사진을 찍었고, 카메라를 손에 들고 있었다.)
미니: 그래, 내 혼자 찍었다. 다른 사람은 안 찍었다. 내 일이니까 내하고 이야기하자.

군인: 사진기 보자

미니: 자, 요 있다.

군인: 여권 있재?

미니: 자, 봐라.

  그때부터 군인들은 여기저기 무전을 하더니 곧 경찰이 올 거라며 기다리라고 했다. 햇볕이 뜨거워지는 만큼 나도 점점 열 받기 시작했다. 팔레스타인 사람들이 자기 땅에 친구들을 데려와서 사진을 좀 찍었기로서니 그게 뭐 그리 큰 문제라고 이 난리인지.

  우리가 간 지역은 이스라엘 군인들과 점령민들이 수시로 팔레스타인 사람들을 공격하는 곳인데다, 나 혼자도 아니고 팔레스타인 사람들과 함께 있었기 때문에 군인들과 큰 소리로 싸울 수 있는 상황도 아니었다. 게다가 농민들은 당장 올리브를 수확해야 하니까. 속으로 '흥분하지 말자, 흥분하지 말자'를 몇 번이나 되뇌었다.

  무작정 경찰이 오기를 기다리는 사이 다른 사람들은 카메라에서 메모리카드를 꺼내 위즈단에게 맡겼다. 때마침 우리를 축복해주려는지 잘 오지 않던 빗줄기가 시원스레 지나갔다. 군인들은 저희들끼리 모여 수다를 떨고, 우리는 우리끼리 모여 이스라엘 흉을 봤다. 그 사이에도 위즈단 아버지와 삼촌은 부지런히 올리브를 땄다.

  한 시간쯤 지나고 나서야 군인들은 카메라와 여권을 돌려주며 가도 좋다고 하면서 사진은 찍으면 안 된다고 했다. 예의바른 내가 사람과 헤어질 때면 '슈크란(고맙습니다)'이라고 하겠지만, 이번만큼은 카메라와 여권, 위즈단 아버지의 신분증만 챙겨서는 말없이 돌아섰다.

올리브를 수확하러 가는 팔레스타인 농민들을 가로막고 있는 이스라엘 군과 경찰

올리브 밭을 나서는데 아까 지나왔던 넓은 들이 나왔다. 들어올 때도 약간 이상하게 생각한 밭이었다. 평지가 많지 않은 팔레스타인에서 이 넓은 들을 그냥 내버려둘 리가 없을 텐데, 그곳에는 가시 돋친 풀만이 무성했던 것이다. 자세히 보니 고랑도 파고 무언가를 심었던 흔적까지 있었다. 역시나 위즈단 아버지의 설명을 들으니 이스라엘이 농사를 못 짓게 해서 그렇게 되었다고 한다.

눈앞에 올리브 열매가 익어가고 있어도 딸 수 없고, 너른 들이 있어도 그냥 내버려둘 수밖에 없는 것, 이것이 팔레스타인 농민들의 삶이었다.

언젠가 서안 지구 북쪽 제닌에서 보았던 시골 풍경
팔레스타인 사람들의 삶도 이렇게 푸르렀으면 좋으련만

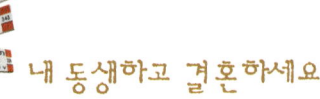
내 동생하고 결혼하세요

　　　　　세바스티아는 작은 시골 마을이고 가까운 곳에 나블루스라는 큰 도시가 있다. 동네 사람들은 시장을 간다거나 병원에 가야 할 때 나블루스로 많이 나간다. 또 젊은이들은 나블루스에 있는 알 나자 대학에 많이 다닌다.

　서로 언제 자기 학교에 놀러 올 거냐고 해서 오늘은 니달(위즈단의 약혼자)을 따라 알 나자 대학을 간단히 구경한 다음, 나블루스 시내로 나가 위즈단과 위즈단의 여동생 나딜을 만나기로 했다. 그런데 갑자기 니달이 바쁜 일이 생겨, 대학생인 람지(YDA 회원)한테 나를 넘겨주고 일하러 갔다가 다시 만나기로 했다.

　람지와 함께 학교 안으로 들어가려는데 약간 당황스러운 일이 벌어졌다. 학교 학생이 아니면 들어가지 못하게 했다. 지금껏 여기저기

나블루스에 있는 알 나자 대학을 구경하던 날

알 나자 대학 입구 모습

다니면서 이스라엘 군인들이 못 들어가게 막는 경우는 많았지만, 팔레스타인 사람이 외국인인 나를 못 들어가게 하는 일은 없었다. 람지가 출입구를 지키는 사람에게 이런저런 사정을 이야기하고 나서야 겨우 들어갈 수 있었다.

그런데 이게 웬일인가? 출입문 앞에 검색 기계가 설치되어 있었다. 몸에 쇠붙이가 있으면 '삐익' 소리를 내는, 공항에 있는 그런 검색 기계였다. 이스라엘이 곳곳에 설치해둔 기계가 팔레스타인 대학에도 있었던 것이다. 사정을 들어보니 학교 안에서도 총격 사건이 있었고, 학생들도 파타와 하마스로 나뉘어 싸우는 일이 벌어지다 보니 학교 쪽에서 출입을 까다롭게 만든 것이라고 했다. 어쩌다 이렇게까지 되었을까 하는 생각에 마음이 아팠다.

안으로 들어가니 한국의 대학과 비슷했다. 학교 식당에서 점심을 먹는데, 식권을 사서 식판에 음식을 받아먹는 모습은 한국의 대학과 똑같았다. 밖에서 먹는 것에 비해 값이 싸다는 것까지. 건물 생김새도, 단과 대학으로 나뉘어져 있는 것도, 도서관에서 공부하는 학생들의 모습도, 컴퓨터로 무언가를 하는 모습도 모두 비슷했다.

물론 다른 점도 많았다. 수많은 사람들의 눈동자가 내게 꽂히는 것이 달랐고, 복도와 계단 곳곳에 학생들의 책과 공책이 쌓여 있는 것도 달랐다. 람지에게 물어보니 들고 다니기가 무거우니 아무 곳에나 책과 공책을 두고 다닌다고 했다. 또 다른 차이라면 이슬람 대학이 있었다. 우리 식으로 하면 종합대학 안에 신학대학이 있는 셈이다. 여기서 공부를 하고 나면 이슬람 성직자가 된다고 한다. 이슬람 대학 쪽으로 가니 역시 수염을 기른 학생들이 많다.

차마 묻지 못했던 이야기

니달이 일을 마치고 나를 데리러 왔다. 알 나자 대학과 나블루스 사이를 오가는 택시를 타고 나블루스 시내로 갔다. 그곳에서 위즈단과 위즈단 여동생 나딜을 만났다. 약혼한 위즈단과 니달이 앞에서 걷고 나딜과 내가 뒤에서 길을 걸으며 이야기를 시작했다. 그동안 몇 번 얼굴을 본 적은 있지만 제대로 이야기를 해보기는 처음이었다. 위즈단과 다른 여동생 마라도 그렇지만, 나딜 역시 낯선 남성이라고 해서 멀뚱멀뚱해하지도 않고 아주 이야기를 잘했다.

길을 걷다 나딜이 흥얼흥얼 노래를 한다. 그러더니 곧 멈추면서 팔레스타인에서 여자들은 길에서 노래하면 안 된다고 했다. 나보고 몇 살이냐고 묻기에 서른일곱이라고 하니 자기보다 딱 10살 많다며 웃었다. 나딜은 나블루스에 있는 초등학교 교사라서 날마다 세바스티아와 나블루스를 오간다고 했다. 나는 언제 기회가 되면 나딜의 학교에도 한번 가보고 싶다고 했다.

그러다가 결혼했냐, 애인 있냐, 이런 이야기가 오갔는데 갑자기 나딜이 "사람을 가슴에 묻는다는 건 참 힘든 일이에요."라고 했다. 뭔가 좋지 않은 사연이 있는 것 같아 궁금했지만 더 묻지 않았다. 조금 뒤, 나딜이 자기는 결혼을 했는데 남편이 죽었다고 했다. 당사자한테 언제, 어떻게 죽었냐고 묻기가 어려워 아무 말 못했다.

일을 마치고 넷이서 함께 식당에 들어갔다. 밥을 먹으며 수다를 떨고 있는데 위즈단이 웃으며 자기 동생하고 결혼을 하란다. 결혼해서 팔레스타인에서 살란다. 니달도 옆에서 덩달아 거들었다. 팔레스타인에 와서 수도 없이 들었던 이야기가 결혼했냐와, 안 했다고 하면 팔레스타인 여성과 결혼하라는 이야기였다. 그런데 당사자를 앞에 두고 이야기하는 것은 처음이었다. 순간 뭐라고 해야 할지…. 좋다고 할 수도 없고 싫다고 할 수도 없고. 그래서 팔레스타인 여성과 결혼을 할 수 없는 3가지 이유를 둘러댔다.

첫째는 내가 아랍어도 못하고 직업도 없다는 것이었다. 그러자 위즈단과 니달은 내가 지금도 아랍어를 잘하니 금방 배울 거라고 하면서 직업은 나딜이 교사라서 걱정 안 해도 된다고 했다.

두 번째는 내가 무슬림이 아니라고 했다. 이슬람 문화에서는 무슬림 남성은 무슬림이 아닌 여성과도 결혼할 수 있지만 무슬림 여성은 반드시 무슬림 남성과 결혼을 해야만 하기 때문이다. 하지만 두 사람은 그까짓 것 문제도 아니라고 했다. 그냥 서류에다 무슬림이라고 적으면 그만이란다.

세 번째는 내가 돈이 없다고 했다. 팔레스타인 문화에서는 집을 포함해 결혼에 드는 모든 돈을 남성이 대야 하고, 결혼할 때 상대 여성에게 현금과 금을 선물로 주어야 하기 때문이다. 그러자 위즈단과 니달이 그 돈은 자기들이 마련해주겠단다. "아이쿠야!" 나와 마주보며 앉아 있던 나딜도 소리 내어 웃고 말았다.

세바스티아로 돌아와 YDA 사무실에서 위즈단에게 조심스레 나딜의 남편이 죽었느냐고 물어봤다. 위즈단이 깜짝 놀라며 어떻게 알았냐고 묻는다. 위즈단의 이야기는 이랬다. 8년 동안 감옥에 있던 나딜의 남편은 헤즈볼라('신의 당'이란 뜻으로 레바논에 있는 이슬람 조직. 1980년대부터 이스라엘과 싸움을 벌이고 있다)와 이스라엘 사이의 포로

교환 때 감옥에서 나와 나딜과 결혼을 했다. 헤즈볼라는 붙잡고 있던 이스라엘 포로와 맞교환 하면서 팔레스타인 수감자의 석방을 요구했다고 한다.

감옥에서 나온 지 얼마 안 되어 그는 나딜과 결혼을 했고, 결혼한 지 얼마 되지 않아 이스라엘 군인의 총에 맞아 죽었다고 한다. 나딜에게는 나도 본 적이 있는 귀여운 어린 아들이 하나 있는데, 남편이 죽을 때 임신 5개월째였다고 한다. 아이는 아빠가 누군지도 모르고, 가끔은 할아버지를 아빠라고 부르기도 하고, 집안에 있는 모든 남자를 아빠라고 부르기도 한단다.

위즈단 가족은 엄마, 아빠 그리고 10남매다. 결혼한 몇몇은 외국이나 다른 곳에서 살고 있고, 초등학생 막내를 포함해 나머지 식구들이 모두 한 집에 살고 있다. 결혼했다 혼자가 되어 돌아온 딸과 손자와 함께. 위즈단 가족이 살아온, 살고 있는 이야기만으로도 영화 한 편이 되지 싶다.

이제 더 이상 그들의 삶이 영화 같지 않았으면 좋겠다. 그저 평범하기 짝이 없는, 소소한 슬픔과 기쁨이 이어지는 조금은 지루한 그런 삶이었으면 좋겠다.

해맑게 웃는 이 아이들의 삶이 영화 같지 않기를
그저 소소한 행복들이 이어지는 조금은 지루할 수도 있는 그런 삶이기를

 자기 집 마당에서도 놀지 못하는 아이

장벽 없는 세상, 프리 팔레스타인에 대한 소망이 담겨 있는 장벽 위의 그림들

오늘은 점령촌과 겨우 30미터 떨어진 집에서 살고 있는 마르셀을 찾았다. 마르셀은 올해 초등학교 4학년 남자아이로 부모님과 할아버지와 함께 살고 있다. 마르셀의 겉모습을 보면 한국의 '초딩'과 다를 게 없다. 하지만 한국의 초딩들과는 전혀 다른 세계에 살고 있다. 마르셀에게 점령촌에 대해 어떻게 생각하는지 물었더니 아주 나쁘다고 했다. 왜 나쁜지 물어보았다.

"밤마다 이스라엘 군인들이 우리 집으로 와요. 모두 자고 있는데 와서는 문을 쾅쾅 발로 차고는 열라고 해요. 집에 들어와서 집 안을 수색하기도 하고, 우리를 한 방에 몰아넣고는 집 안에서 집 밖을 감시하기도 해요. 왜냐하면 우리 집에서 보면 주변이 잘 보이거든요."

옆에 있던 마르셀의 할아버지가 이야기를 이어받았다.

"내가 문 앞에 서 있거나 하면 이스라엘 군인들이 저기서(이스라엘 군 감시탑을 가리키며) 집으로 들어가라고 소리를 칩니다. 뒷마당이나 나무 밑에 앉아 있어도 빨리 집으로 들어가라고 소리를 쳐요. 꼬마인 마르셀조차 뒷마당에 나가 놀 수가 없어요."

마르셀의 할아버지는 사진을 찍지 말아 달라는 이야기도 했다. 이스라엘 군인들이 만약 이 집에서 찍은 사진이 인터넷에 떠돌거나 하면 가만두지 않겠다고 협박했다는 것이다. 그러면서 둘러보고 글로 쓰는 것은 괜찮다고 했다.

말이 30미터지, 뒷마당에 서서 직접 보면 말 그대로 바로 눈앞에 장벽이 있고, 이스라엘 군인이 감시탑에서 이쪽을 내려다보고 있었다. 내가 여기에 있는 것은 괜찮겠느냐고 물으니 마르셀의 할아버지는 이골이 난 듯 괜찮다고 했다.

"점령촌 때문에 이미 땅도 절반 이상 빼앗겼어요. 이스라엘 군인들이 그 땅에 있던 올리브 나무도 베어버렸답니다. 처음에는 이스라엘이 우리 집 뒷마당을 지나는 장벽을 쌓으려고 했어요. 그러면 우리 집 창문과 겨우 50센티미터 거리에 장벽이 들어서게 되니 우리는 창문을 닫고 살아야 했을 거예요."

한 번 만들어진 점령촌은 쉽게 없어지지 않고 조금씩 조금씩 팔레스타인 사람들의 땅을 빼앗으며 덩치를 키운다. 여기서 궁금증이 하나 생겼다. 이스라엘이 처음에는 마르셀 할아버지네 뒷마당을 지나는 장벽 건설을 계획했는데 어떻게 해서 그나마 30미터라도 거리를 두게 되었을까?

"처음에는 계획이 그랬는데 내가 계속 노력하고 싸우고 그랬지요. 이스라엘 군인들한테 만약 장벽이 우리 집 마당으로 들어오면 우리 가족 모두 죽어버리겠다고 했어요. 그리고 만약 누구라도 우리 마당에 들어오면 죽여버리겠다고 했고요. 그래서 계획이 바뀌게 되었어요."

과연 이런 곳에서 살 수 있는 사람들이 얼마나 될까? 혹시 마르셀네 가족도 다른 곳으로 떠나고 싶은 것은 아닐까? 이사를 가고 싶지는 않은지 마르셀 할아버지에게 물어보았다.

"이사요? 절대 그럴 수 없습니다. 여기는 내 땅이에요. 우리 땅이에요. 나는 여기서 살았고, 여기서 죽을 겁니다. 우리가 왜 나가요? 이스라엘과 점령촌이 나가야지요."

하루 아침에 사라져버린 니하드 씨 집

올해 48살인 니하드 씨는 아내와 여섯 아이와 함께 세바스티아에 살고 있다. 예전에 사우디아라비아에서 일을 해서 돈을 모아 지금 살고 있는 땅에 집을 지었다고 한다. 그런데 1991년 5월 어느 날, 밭에서 일을 하고 있는데 동네 사람들에게서 급하게 연락이 왔다. 이스라엘 군인들이 불도저를 끌고 와서 자신의 집을 부수고 있다는 것이었다. 급히 가보니 옷이며 가재도구며 어느 것 하나 남기지 않고 모두 부서진 채 못 쓰게 된 상태였다. 다행인지 불행인지 아내와 세 아이는 다른 집에 있었다. 동네 사람들은 물론이고 통역을 해주던 니달도 당시 불도저가 집을 부수는 장면을 직접 봤다고 했다. 니하드 씨네 가족이 모든 것을 잃자 동네 사람들이 먹을 거며 옷가지며 가져다주었다.

마로엘의 동네 모습. 장벽을 사이로 팔레스타인 사람들이 사는 지역과 이스라엘 점령촌이 얼굴을 맞대고 있다.

이스라엘의 협박 때문에 창문을 만들지 못하고 철판으로 대충 가린 채 살고 있는 니하드 씨 집.

이스라엘 군인들이 집을 부수고 나서 니하드 씨는 그 옆에다 지금의 집을 다시 지었다. 집을 짓는 도중 이스라엘이 지붕과 창문을 만들면 부숴버리겠다고 해서 지금도 지붕과 창문 자리를 철판으로 대충 가려놓은 채 살고 있다.

또 이스라엘은 서류를 보내 니하드 씨가 살고 있는 곳이 이스라엘 땅이니 땅에 대한 어떤 변형도 시도해서는 안 된다고 했다. 그러면서 집을 직접 부수든지 아니면 이스라엘이 와서 부수겠다고 했다는 것이다. 니하드 씨는 5천 달러를 들여 변호사를 고용했고 이스라엘 법원에 호소했다. 그러나 얻은 것은 '지금은 부수지 말라'는 법원의 결정이었다. '지금은 부수지 말라'는 것은 다음에는 언제든지 부술 수 있다는 것을 뜻했다.

게다가 2009년 6월 27일에는 니하드 씨가 밀밭에서 일을 하고 있는데 이스라엘 점령민들이 몰려와 밀밭에 불을 질렀다. 그래서 무려 1만 달러가량의 손해를 보았다. 그 땅은 니하드 씨의 땅도 아니고 다른 사람의 땅을 선불로 주고 빌려 농사를 짓고 있던 중이었다. 땅 사용료는 이미 냈는데 밀은 불타버렸으니 손해가 이만저만이 아니었다.

오늘도 니하드 씨는 아들과 함께 다른 집에 가서 일을 해주고 돈을 벌었다고 한다. 아이들은 자꾸 커가고 대학도 보내야 하니 뭐든 할 수밖에 없는 처지다. 지금 니하드 씨로서 할 수 있는 일이라고는 이스라엘이 집을 부수지 않기를 바라는 것뿐이다. 니하드 씨는 신의 도움을 기다린다고 했다. 짓궂게도 나는 그래도 만약 이스라엘 군이 집을 부수러 오면 어떻게 할 것인지 물어보았다.

"할 수 있는 게 아무것도 없어요. 올리브 나무 밑에서 자야지요."

옆에 있던 니달이 만약 많은 돈이 생기면 다른 곳으로 이사를 가고 싶으냐고 물었다.

"아니요. 절대 아닙니다. 여기는 내 땅이에요. 내가 점령한 게 아니에요. 우리는 모두 이곳에서 열심히 일해야 합니다."

이야기를 마치고 나오는데 니하드 씨가 가져가 먹으라며 이것저것 과일을 챙겨준다. 그리고 니하드 씨 덕분에 태어나 처음으로 트랙터를 타고 집으로 왔다. 나는 한국 인삼차와 책갈피를 선물했다.

이스라엘군과 점령민들이 계속해서 팔레스타인 사람들을 공격하고 괴롭히는 이유는 간단하다. 지금 살고있는 땅에서 떠나라는 것이다. 팔레스타인 사람들이 떠나면 골치 아픈 일 없이 쉽게 점령촌을 넓혀갈 수 있기 때문이다. 쫓아내려는 자와 쫓겨나지 않으려는 자의 싸움이 지금도 조용히, 때로는 시끄럽게 계속되고 있다.

다음에 내가 다시 팔레스타인을 찾았을 때 마르셀도, 니하드 씨도, 모두 지금 살고 있는 집에서 나를 맞으며 오랜만이라고 인사 나눌 수 있기를 바랄 뿐이다.

팔레스타인 문제의 배후, 국제 사회

팔레스타인과 이스라엘의 분쟁은 단순히 둘의 문제가 아니다. 그 뒤에는 국제 열강들의 잇속이 보이지 않는 힘으로 작용하고 있다. 예컨대, 1차 세계대전 이후 팔레스타인을 지배하게 된 영국은 아랍인보다는 유대인들이 영국의 이익을 위해 더 잘 움직일 거라 생각했다. 그래서 1930년대까지 이스라엘 건국을 지원하였고, 반대로 팔레스타인에서 아랍인들이 주장한 아랍인-유대인이 함께 사는 민주적인 정부의 수립은 거부하였고, 독립 운동을 벌이던 아랍인들을 살인·체포·추방하였다. 그 결과, 영국의 탄압으로 많은 힘을 잃은 아랍인들은 1947년 말 시작된 유대인들의 군사 공격에 제대로 대응할 수 없었다.

1940년대, 국제 정치에서 영국에 비해 미국의 힘이 강해지면서 시오니즘 운동도 미국의 지원을 받기 시작했다. 1947년 유엔이 채택한 〈팔레스타인 분할안〉에 대해 아랍인들이 반발한 것은 당연한 일이었다. 왜냐하면 최근에 이주한 유대인에게는 전체 팔레스타인 땅의 56%를 배정한 반면 원주민이던 아랍인에게는 42%를 배정하고 나머지인 예루살렘과 베들레헴 지역은 국제관리지역으로 설정했기 때문이다. 게다가 유엔은 과실수가 많은 비옥한 토지는 유대 국가에, 산과 거친 땅이 많은 지역은 아랍 국가에 배정하는 것도 잊지 않았다. 사실 고작 1945년에 태어난 유엔이 수천 년의 역사를 가진 팔레스타인 땅을 분할하고 유대 국가의 수립을 허용할 권한은 없었다. 일부 국가가 유엔의 팔레스타인 분할안에 반대표를 던지려고 하자, 미국은 무역보복을 하겠다고 위협하며 찬성표를 던지게 만들었다.

1947~1949년 이스라엘 건국 과정에서 미국과 소련을 비롯한 국제 열강들이 유대인을 지원했고, 주변 아랍 국가들은 팔레스타인 사람들의 운명에는 대체로 무관심했다. 이에 반해 아랍 지역 '민중들'의 생각은 달랐는데, 많은 이집트인들이 팔레스타인을 지원하기 위해 직접 전쟁에 뛰어들었다. 하지만 무장이나 훈련 상태에서 이스라엘에 맞서기는 역부족이었다. 또 이라크의 경우, 이라크 정부가 자국 군인들에게 이스라엘과 전투를 벌이지 말라고 했지만, 팔레스타인 사람들의 처참한 상황을 지켜보고 있던 이라크 군인들은 명령을 어기고 팔레스타인을 지원하기 위한 행동에 나서기도 했다.

이스라엘의 든든한 지원군, 미국

1967년 6일 전쟁 이후, 미국은 이스라엘에 대한 군사·정치·외교 차원의 지원을 대규모로 확대했다. 왜냐하면 이스라엘이 6일 전쟁에서 이집트와 시리아라는 미국의 걸림돌을 무력화함으로써 중동 지역에서 미국의 사냥개 역할을 훌륭히 해낼 수 있다는 것이 증명되었기 때문이다. 중동 지역은 세계 석유 매장량의 절반 이상이 있는 곳으로 미국이 경제적 이익과 패권을 유지하기 위해 반드시 장악할 필요가 있는 곳이다.

1982년 6월에는, 이스라엘의 레바논 침공 과정에서 벌어진 PLO(팔레스타인 해방기구)와의 지상전에서 이스라엘 군의 피해가 속출하자 미국은 PLO에게 협상을 제안했다. 만약 PLO가 레바논에서 떠난다면 이스라엘도 전쟁을 멈출 것이고 남아 있는 팔레스타인 난민들은 미국이 보호해주겠다고 약속한 것이다. 이 말을 믿고 PLO와 전투 가능한 남성들 대부분이 아프리카와 유럽 등지로 떠났다. PLO가 떠나자 미군도 곧 레바논을 떠났다. 하지만 미국이 무장시키고 지원한 이스라엘은 샤브라·샤틸라 난민촌 학살을 벌였다.

최근에도 미국은 한 해 2조 원 이상의 금액을 이스라엘에 원조 명목으로 보내고 있으며, 세계에서 미국의 해외 원조를 가장 많이 받는 나라가 바로 이스라엘이다. 미국에서 받은 돈으로 이스라엘은 미국산 전투기와 헬리콥터 등을 사들이고 팔레스타인과 주변 국가들을 공격하고 있다. 곧, 미국인들이 낸 세금이 팔레스타인 사람들을 살해하는 무기로 둔갑하고 있는 것이다.

한편, 팔레스타인 사람들의 고통이 계속되자 세계 각지의 시민들은 팔레스타인을 지원하기 위해 이스라엘 대사관 앞에서 시위를 벌이고, 강연회와 영화제를 열고, 생필품 구입을 위한 모금을 벌였다. 2010년 5월에는 식량과 의약품을 싣고 팔레스타인으로 향하던 국제 구호선박을 이스라엘이 공격하여 10여 명이 살해되기까지 했다. 국제 사회의 인도주의적 지원마저도 이스라엘에게는 군대를 동원해 가로막아야 할 적대 행위로 보였던 것이다.

올리브 나무들이 끝없이 펼쳐진 곳, 물 흐르듯이 가자 팔레스타인

올리브 장아찌를 아시나요?

　　　　　　　　며칠 전 가잘의 오이 농장에서 일을 거들었다. 줄기를 타고 달려 있는 오이를 따 상자에 담는 일이었다. 부끄러운 이야기지만 나는 오이가 열리는 모습을 그날 처음 봤다. 여태껏 먹을 줄만 알았지 오이가 어떻게 자라는지는 몰랐던 것이다. 게다가 일을 조금 하고 나니 손에 두드러기가 올라 가렵기까지 했다. 팔레스타인에서는 식당은 물론이고 농장이든 공사장이든 장갑을 끼고 일하는 사람을 보기가 쉽지 않다. 대부분 맨손으로 일을 한다. 흔하디 흔한 한국의 손바닥 빨간 장갑이 생각났다.

　　오늘은 위즈단의 약혼자인 니달 집에서 올리브를 따러 간다기에 함께 갔다. 차와 빵과 반찬도 챙겼다. 올리브는 대추처럼 작은 열매인데 나무 높이도 그리 높지 않아 선 채로 손을 뻗어 딸 수 있다. 올리브를 따는 또 다른 방법은 먼저 나무 아래에 두꺼운 천 같은 것을 넓게 펼쳐 놓은 다음 작대기로 가지를 후려쳐 올리브 열매를 떨어뜨리는 것이다.

세 아들과 어머니, 아버지가 함께 일을 하는데 그 과정도 재미있었다. 모두들 다른 직업을 갖고 있으면서 부모님을 도와주러 온 세 아들들은 담배도 피우며 쉬엄쉬엄 일을 했다. 그에 비해 나이 많은 니달의 어머니와 아버지는 잠시도 쉬지 않고 손을 놀리며 올리브를 땄다.

올리브는 많이 열리는 해와 적게 열리는 해가 있는데 올해는 적게 열리는 해란다. 예전 같았으면 온 집안사람들이 달려들어 며칠씩 올리브를 따야 했겠지만 올해는 두어 사람이 몇 시간 안에 일을 끝낼 수 있는 정도라고 했다. 덩달아 올리브 값도 많이 올랐다고 한다. 요즘은 우리나라에서도 올리브기름을 쓰는 사람들이 많이 늘어났는데, 세계 여러 나라의 올리브기름 가운데 팔레스타인 것이 품질이 좋은 편이라고 한다.

팔레스타인에서 올리브기름은 그야말로 생활이다. 밥 먹을 때마다 올리브기름을 접시에 담아 상에 올려놓는다. 그러면 빵을 찍어 먹곤 한다. 올리브 열매는 장아찌처럼 담가 먹기도 하는데, 우리의 김치마냥 늘 빵과 함께 식탁에 올라 사람들의 손길을 부른다.

다만 올리브 열매에는 씨가 있으니 씹을 때는 조심해야 한다. 올리브 가운데 품질이 좀 떨어지는 것은 비누로 만든다고 한다. 팔레스타인 사람 집에 가서 손을 씻을 때 하얀 비누가 있는데 흔히 가게에서 파는 것과는 달리 생김새가 어딘지 모르게 어리숙해 보이면 올리브 비누라고 생각하면 된다.

요즘 한국 사람들도 피부에 좋다며 올리브 비누를 많이 사용하는

데 오히려 팔레스타인 사람들은 올리브 비누를 잘 안 쓴다고 한다. 가게에서 파는 일반 비누가 훨씬 잘 씻기고 냄새도 좋기 때문이란다.

올리브는 따지도 못한 채…

며칠 전에는 세바스티아에서 조금 떨어진 부린이라는 마을에 갔다. 그곳도 주변에 이스라엘 점령촌이 있었는데, 부린에 사는 팔레스타인 사람들의 땅을 빼앗아 만든 점령촌이었다. 그날은 미국과 일본, 유럽 여러 나라에서 온 사람들과 함께 올리브 수확을 하러 갔다. 외국 사람들이 있으면 이스라엘 점령민이나 군인들의 폭력이 약해지지 않을까 하는 기대에서였다. 보는 눈들이 많으니 좀 덜 괴롭히지 않겠느냐는 것이다.

마을 한가운데 있는 카페에 모여 다함께 올리브 밭으로 향했다. 수십 명이 길게 늘어서서 도로를 건너고 있는데 곧바로 이스라엘 군인들이 달려왔다. 바로 내 뒤쪽에서 꼬리가 잘리고 말았다. 그 와중에 다른 외국인들은 잽싸게 도로를 건넜는데 몇몇 팔레스타인 사람들은 그만 멈칫멈칫 하다가 건너지 못했다. 팔레스타인 사람들과 군인들 사이에서 실랑이가 벌어졌다.

"어디 가느냐?"
"올리브 수확하러 간다."
"여기는 군사지역이기 때문에 갈 수 없다."
"저기는(손가락으로 가리키며) 내 땅인데 왜 못 가느냐?"

길 건너 올리브를 수확하러 가는 팔레스타인 농민들을 이스라엘 군과 경찰이 가로막고 있는 모습
길 하나 건너기가 이리도 힘들어서야… 일하러 가는 일이 이리 고되어서야…

"만약 계속 이러면 가만있지 않겠다."

한참 실랑이를 벌이다가 결국 도로를 건너지 못한 사람들은 놔둔 채 앞으로 갔다. 작업 현장에도 이미 군인들이 지키고 있었다. 여기서도 똑같은 실랑이가 오가자 농민들은 돌아가자고 했다. 군인들이 팔레스타인 사람들을 체포하겠다고 위협해서 어쩔 수 없었던 것이다. 결국 우리는 올리브 열매는 따지도 못한 채 그대로 돌아와야 했다.

올리브 나무는 오래된 것은 몇 백 년씩 된 것들이 많아 굵은 몸통을 안으려면 어른 서너 명의 팔이 필요한 경우도 있다. 그렇게 조상 대대로 팔레스타인 사람들과 함께 살아온 올리브 나무를 이스라엘 군인들이 숭덩숭덩 베어버리거나 하루 아침에 빼앗아갈 때 팔레스타인 사람들의 마음은 어떨까?

로마 유적이 많이 담아있는 세바스티아의 운동장에서 팔레스타인 젊은이들이 축구를 하고 있다.

우리는 테러리스트가 아니에요

　　밤이 되면 오사마(위즈단 남동생)와 함께 마을 뒤에 있는 카페에 가서 놀곤 했다. 카페라고 해서 한국의 카페를 생각하면 곤란하다. 아무런 장식이나 소품도 없는 건물 안에 의자가 몇 개 있고, 거기서 차와 음료수를 팔면 사람들이 모여 수다도 떨고 카드놀이도 한다. 이것이 카페다.

　　팔레스타인의 많은 마을이 그렇듯 세바스티아도 산 아래서부터 위쪽으로 마을이 펼쳐져 있는데, 다른 점은 산꼭대기 쪽에 로마 시대 유적이 있다는 것. 로마 유적들이 널려 있는 주변에는 몇몇 카페와 식당이 있고 기념품 가게도 있다. 여름철에는 관광객이 많지 않기 때문에 기념품 가게는 사람들이 좀 있다 싶어야 문을 연다.

　　처음에는 로마 시대의 유물 위에 앉아 놀자니 약간 미안한 기분도 들었다. 하지만 조금 시간이 지나니 이곳 사람들처럼 그냥 아무렇지 않아졌다. 하루는 람지가 조그마한 동전 2개를 건넸다. 웬 거냐고 물으니 로마 시대 동전이란다. 깜짝 놀라며 이런 걸 줘도 되냐고 물으니 자기는 또 땅 파면 된단다.

카페에서 놀면서 수다도 떨다가 지루해지면 카페 앞 공터를 산책했다. 그래봤자 몇 십 미터도 안 되는 길을 뒷짐 지고 어슬렁거리며 왔다갔다 하는 것이 전부였지만. 처음에는 '왜 이렇게 왔다갔다만 할까? 근처 산에도 가고 하면 될 텐데' 싶었다. 나중에 생각해보니 산에 들어가면 이스라엘 군인들이 언제 나타날지 모르니 그쪽으로 갈 수가 없었던 것 같다.

흔치 않은 일이 흔한 곳

한번은 카페에 앉아 있는데 오사마가 저 멀리 있는 누군가에게 손짓하며 오라고 불렀다. 잠시 뒤 휠체어를 타고 나타난 사람은 5개월 전 이스라엘 군인의 총에 맞아 다리를 자른 무피드란 사람이었다. 내가 복잡한 심정으로 어두운 표정을 지으니 오히려 무피드는 슬프지 않다며 웃었다.

무피드 이야기가 끝나자 그의 오른쪽에 앉아 있던 가잘이 이야기를 꺼냈다. 자기 형 사메르는 2001년에 이스라엘 군인에게 잡혀가 지금까지 감옥에 있는데 평생 갇혀 있어야 한다고 했다. 왜 갇혀야 하는지 정확한 이유는 모르고, 이스라엘이 그냥 자기 형을 테러리스트라고 부른다고 했다.

다른 사람은 면회도 안 되고 어머니와 아버지만 2주일에 한 번 30분씩 면회를 할 수 있다고 했다. 오사마도 이스라엘 군인에게 총을 맞아 다리에 철심을 박고 있었다. 오사마의 가족은

아버지는 땅을 **빼앗기고**, 사위(나딜의 남편)는 총에 맞아 죽고, 아들(오사마)마저 총에 맞아 다리에 철심을 박고 있는 것이다.

맞은편에 앉아 있던 아쉬라프라는 청년은 17일 동안 이스라엘 감옥에 갇힌 적이 있는데, 마치 17년은 있었던 것 같다고 했다. 어느 날 갑자기 군인들이 집에 들이닥쳐 살림살이를 부수고 아쉬라프를 끌고 가서는 감옥에 가두었다고 한다. 가로 3미터, 세로 2미터 되는 공간에 6명이 갇혀 있었다고 하니 기억이 좋을 리 없을 것 같았다. 그날 함께 끌려간 아쉬라프의 사촌은 여전히 감옥에 갇혀 있다고 했다.

그제는 덴마크에서 10여 명의 사람들이 세바스티아에 왔다. 머리가 하얄 정도로 나이든 사람들도 꽤 많았는데, 단순한 관광객이 아니라 팔레스타인의 상황을 알기 위해 약 열흘 동안 여기저기를 여행하고 다니는 사람들이었다.

특별한 일이 없던 시간에 외부에서 사람들이 왔으니 나도 마치 팔레스타인 사람마냥 덴마크 사람들을 맞았고, 그들과 함께 마을 여기저기를 둘러보았다. 모두들 나를 보고 신기해했다. 그도 그럴 것이, 만약 내가 백인이거나 서양 사람이라면 그러려니 했겠지만 익숙지도 않은 한국 사람이 팔레스타인 사람마냥 그들 속에 섞여 외부인을 맞았으니 얼마나 신기했겠는가. 그런 와중에 팔레스타인 친구들은 나더러 덴마크 사람들에게 로마 유적과 마을에 대해 설명을 해주면 안 되겠냐고 하기도 했다.

간단하게 인사를 하고 나니 한 사람이 웃으며 "그래, 당신은 여기서 무엇을 하고 있습니까?"하고 물었다. 이름이나 국적은 알겠는데 정체가 궁금하다는 것이었다. 나는 이런저런 단체에서 활동을 하고 있고, 이런저런 이유로 한동안 여기에 머물고 있다고 이야기했다. 그런 이야기들을 주고받으며 마을을 한 바퀴 돌아본 뒤 갈림길에서 헤어졌다.

다음날 위즈단이 전해준 이야기는, 갈림길에서 우리와 헤어진 덴마크 사람들이 아래로 내려가자마자 이스라엘 군인들이 달려와 뭐하고 있느냐며 따져 묻는 바람에 작은 소동이 있었다고 한다.

위즈단이 이야기를 마치자 니달이 또 다른 이야기를 갖고 기다리고 있었다. 아침에 동네 사람 한 명이 전봇대에 올라가 전기선 잇는 작업을 하다 떨어져 병원으로 실려갔다는 것이다. 며칠 전 밤에 큰 트럭이 전기선을 건드리는 바람에 동네가 정전이 되는 일이 있었는데, 트럭이 전기선을 건드리는 순간 펑 하고 큰 소리가 나면서 온 동네가 깜깜해지고 말았다. 마침 나와 같이 YDA 사무실에 있던 오사마는 잽싸게 일어나 문 쪽으로 가더니 문을 걸어 잠갔다. 그러고는 누가 와도 절대 열어주지 말라며 몇 번이나 당부를 하고는 밖으로 나갔다. 까닭 모를 큰 소리가 났으니 오사마는 또 이스라엘 군인들이 일을 저지른 줄 알고 바짝 긴장했던 것이다.

날이면 날마다 이스라엘 군인들이 마을을 돌아다니며 이 집 저 집 수색을 하고, 이 사람 저 사람 끌고 가니 자라 보고 놀란 가슴 솥뚜껑 보고 놀란 셈이다.

팔레스타인에서 지내다 보면 답답하고 속상할 때가 많다
아무런 이유 없이 끊어지는 전기
늦은 밤 거칠게 문을 두드리는 이스라엘 군인들
숨 막히게 길게 뻗어 있는 높은 장벽
그럼에도 이곳이 정겹게 느껴지는 이유는
팔레스타인 사람들의 따뜻함, 그 진한 정 때문이다

세바스티아를 떠나던 날

오늘 아침, 그러니까 열흘 동안 머물렀던 세바스티아를 떠나는 날 아침이었다. 9시에 알라(나블루스의 YDA회원)를 나블루스에서 만나기로 해서 준비를 마치고 위즈단과 차를 마시며 떠날 시간을 기다리고 있는데 알라에게서 문자가 왔다. 사정이 있어 9시가 아니라 10시에 만나자는 것이었다. 위즈단과 헤어지자니 섭섭하던 차에 잘됐다 싶어 아침이나 먹자며 필라펠 샌드위치를 사러 나갔다. 그러다가 오사마를 만났는데 표정이 뭔가 '헐레벌떡'이었다.

"미니, 저기 위에 이스라엘 군인들과 유대인들이 잔뜩 있어요!"

오사마가 말하는 '저기'는 카페와 로마 유적이 있는 우리들의 놀이터를 뜻했다. 그곳에는 넓은 공터가 있어 아이들이 공을 차기도 하고, 며칠 전에는 축제가 열려 무대를 차리고 가수들이 노래를 부르기도 했다. 그런데 그곳에 이스라엘 군인들과 유대인들이 잔뜩 몰려와 있다는 것이었다. 곧바로 사진기를 챙겨들고 올라갔다. 우리가 늘 놀던 놀이터 입구부터 이스라엘 군인들이 지프를 세워놓고 길을 가로막았다. 모른 척 지나가려고 하니 군인이 차 안에 앉아 손가락질을 하며 오라고 했다.

"어데 가노?"

"(공터와 카페를 가리키며)저기 간다."

"뭐 할라고?"

"그냥 카페 가는데 와?"

"몬 간다."

"와?"

"여기 폐쇄됐다."

"카페 간다니까."

"거기도 폐쇄됐다. 니 어데서 왔노?"

"한국서 왔다."

"여기서 뭐하노?"

"관광객이다. 그러는 니는 여서 뭐하노?"

"나도 모른다."

그동안 여러 번 이스라엘 군인들과 이런저런 이야기를 해봤지만 이날은 유난히 기분이 나빴다. 이스라엘 군인이라는 것 자체가 싫기도 했지만 차 안에 앉아 의자에 몸을 잔뜩 기대고서는 온갖 거드름을 피우며 나를 상대했기 때문이다. 외국인인 나한테 이 정도면 팔레

유대인들의 행사를 위해 우리들의 놀이터 입구를 가로막고 있는 이스라엘 군인들

타인 사람들에게는 오죽할까 싶었다. 열 받은 마음으로 지프 옆에 서서 우리의 놀이터를 자세히 보니 이스라엘 깃발이 줄줄이 걸려 있고 옆에는 다른 지프들과 군인들이 모여 있었다.

세바스티아를 떠나는 날인데다 안타깝게도 내가 달리 할 수 있는 일도 없기에 집으로 돌아가 가방을 챙겨 나오는데, 이스라엘 군인들이 탄 지프들이 온통 마을을 헤집고 다녔다. 정류장에 가서 쎄르비스를 기다리는데 평소에는 그렇게 많던 쎄르비스가 한 대도 보이지 않았다. 한참을 기다리고 있는데 낯이 익은 동네 사람이 나블루스에 간다며 자기 차를 타라고 했다.

세바스티아에서 나블루스로 가려면 점령촌 옆에 있는 도로와 이스라엘 검문소를 지나야 한다. 검문소 가까이 가니 차들이 그대로 서 있었다. 가만히 보니 점령촌에서 관광버스가 몰려나오고 버스 안에는 유대인들이 잔뜩 타고 있었다. 관광버스 대열 앞에는 이스라엘 지프 두 대가 앞서고, 관광버스 대열 중간에도 군인들 차가 섞여 있었다.

이별을 더 슬프게 하는…

이스라엘을 끊임없이 괴롭히는 것은 바로 정당성 부족이다. 자기들이 팔레스타인을 점령한 것이 아니라 팔레스타인이 원래 유대인들의 땅이었다고 말하고 싶은 것인데, 그것이 어디 쉬운 일이어야지. 일본이 조선을 점령하면서 조선이 원래 일본이었다고 말하고 싶은 것과 마찬가지라고나 할까.

이곳 세바스티아가 워낙 오래된 곳이다 보니 유대인들은 이곳의 유물들과 자신들의 과거가 관계 있다는 이야기를 계속 만들어내고 있다. 예루살렘에서도 유물 발굴 작업을 계속하고 있는데, 유대인들이 과거에 팔레스타인에 살았다는 흔적을 찾거나 만들기 위한 것이다.

세바스티아에 있는 로마 원형극장에 가면 원래 있던 돌이 몇 개 빠져 있다. 이스라엘이 가져다 박물관에 전시하고 있기 때문이라고 한다. 그러면서 팔레스타인 사람들에게는 유적에 손을 대지 못하게 한다. 하나씩 하나씩 유대인의 유적으로 만들려고 하는 것이다. 그리고 오늘 이스라엘 사람들이 마을에 떼로 몰려와 팔레스타인 사람들을 내쫓고 야단법석을 떤 것도 유대인 기념일을 맞아 운동장에서 축제를 벌이기 위해서였단다.

무슨 일이 벌어질지 모르는 곳에 친구들을 두고 뜨내기마냥 길을 떠나는데, 이스라엘 군인들과 유대인들이 총을 들고 우리의 추억이 담긴 곳으로 몰려가고 있었다. 나블루스로 가는 내내 눈물이 흘렀다. 제길, 우리 놀이턴데….

여긴 우리 땅이야. 그러니 썩 나가라고!
우린 너희가 미워. 너희가 싫다고. 우리를 좀 가만 놔두라고!

예수가 지난 자리, 그곳에 평화가 있기를…

　　　　　　오랜만에 예루살렘을 찾았다. 나시프의 소개로 알게 된 알라아도 다시 만났다. 알라아는 변호사이면서 YMCA 같은 단체에서도 활동하고 있는데, 올해 말에 아내가 아이를 낳을 예정이라고 했다.

　늘 시끄러운 곳이긴 하지만 최근 한 달 사이 예루살렘은 더욱 시끄러웠단다. 사연인즉 이슬람 3대 성지 가운데 한 곳인 알 아크사 모스크에 유대인들이 경찰의 호위를 받으며 몰려 들어갔던 것이다. 유대인들이 주장하는 것은 알 아크사 모스크를 잘라서 그 안에 유대인 구역을 따로 만들겠다는 것이다. 이스라엘이 헤브론을 점령한 뒤 아브라함 모스크를 반으로 잘라 유대인 구역을 만들었듯이 말이다.

　예루살렘은 유대교, 기독교, 이슬람 세 종교의 성지이자 십자군 전쟁과 1948년과 1967년에 아랍-이스라엘 전쟁을 겪은 곳이다. 그리

평화의 땅이라 불리는 예루살렘에 굽이굽이 둘러쳐진 장벽이 눈에 띈다
이스라엘은 팔레스타인 사람들의 공격으로부터 이스라엘을 지키기 위해
장벽을 쌓는다고 하지만 정작 장벽은 팔레스타인 사람들의 땅을 빼앗고
팔레스타인 사람들을 좁은 곳에 가두는 것으로 이용되고 있다

고 지금도 우파 유대인들이 일으키는 분쟁의 씨앗이 되고 있는 곳이다. 그들의 주장은 올드시티와 알 아크사 모스크 아래를 파 보면 고대 유대인의 역사가 묻혀 있다고, 그러니 그곳이 유대인들의 땅이라는 것이다.

알 아크사 모스크가 이슬람의 성지 가운데 하나라고 해도 무슬림들 입장에서는 방문하는 사람이 유대인이든 기독교인이든 불교인이든 또는 신을 믿지 않는 무신론자든 굳이 막을 이유도, 거부할 이유도 없다. 실제로 거부하지도 않는다. 종교가 다르기 때문에 모스크에 들어갈 수 없다는 말을 나는 들어본 적이 없다. 오히려 알 아크사 모스크 방문을 자유롭게 하지 못하도록 막는 것은 곳곳에 검문소를 만들어 모스크 출입을 방해하고 있는 이스라엘이다. 그러므로 그곳에 들어가 참배하고 싶은 유대인이 있으면 그냥 참배하면 그만이다. 그런데도 굳이 유대인 구역을 따로 만들려고 하는 것은 무엇 때문이겠는가? 결국 팔레스타인 사람들을 몰아내고 알 아크사 모스크를 **빼앗겠**다는 뜻에 지나지 않는다.

이미 헤브론의 아브라함 모스크 사건을 겪은 무슬림들의 입장에서는 또다시 유대인들이 알 아크사 모스크로 몰려 들어가는 것을 그냥 보고만 있을 수는 없었다. 무엇보다 이런 행동을 벌이는 유대인들의 의도를 잘 알고 있기 때문이었다. 지금은 간보기 수준이고, 당장에는 알 아크사를 두 동강 내지 않는다고 하더라도 이스라엘이 마음만 먹으면 언제든지 힘으로 밀어붙일 수도 있는 일이었다. 그래서 팔레스타인 사람들이 뉴스를 보며 긴장하고 분노했던 것이다. 잠깐 머물다 가는 나조차 혹시 무슨 일이 벌어지는 것은 아닐까 하고 긴장했을 정도이니 말이다.

만약 이스라엘이 실제로 알 아크사 모스크를 두 동강 내려고 한다면 그날은 또다시 새로운 인티파다가 시작되는 날이 될 수도 있을 것이다. 2차 인티파다(알 아크사 인티파다)가 그랬듯이 그동안 쌓였던 정치, 경제, 종교, 문화를 비롯해 온갖 불만이 다시 한 번 예루살렘에서 폭발할 수도 있는 것이다.

유대인들의 이러한 공격적 행동을 두고 팔레스타인 사람들 사이에서는 알 아크사 모스크를 지키자는 호소가 이어졌다. 하지만 예루살렘에 아무나 들어갈 수 없기 때문에 예루살렘과 이스라엘 지역에 살고 있는 무슬림들이 알 아크사 모스크로 몰려가 맨몸으로 진을 쳤다. 어떻게든 유대인들의 공격을 막아보고자 했던 것이다. 그러는 사이, 예루살렘과 주변 지역에서는 한동안 팔레스타인 사람들과 이스라엘 군인들 사이에서 돌과 최루탄이 오가기도 했다. 알라아는 한창 일이 벌어지고 있을 때 곳곳의 교통이 모두 통제되어 10분이면 가던 길을 1시간씩 돌아가야 했다고 한다.

조용하면서도 강력한 추방 정책

알 아크사의 사례가 누가 봐도 눈에 띄는 사건이라면 이와 달리 조용한 것 같으면서도 강력한 힘이 예루살렘을 떠돌고 있다. '조용한 추방' 정책이다. 이것은 쉽게 말해서 이런저런 이유로 팔레스타인 사람들을 예루살렘에서 살 수 없게 한 뒤 오로지 유대인들이 사는 지역으로 만들려고 하는 정책이다. 1948년이나 1967년처럼 지금이 전쟁 시기라면 옛날에 그랬듯이 무작정 쫓아낼 수

1948년 전쟁으로 서예루살렘을 점령하고
그뒤 1967년 전쟁으로 동예루살렘까지 점령한 이스라엘
그리고 그곳에 긴 고립장벽을 세운 이스라엘
그런데 이스라엘 관광부에서 만든 여행 안내책 《예루살렘》을 보면
예루살렘이 1948년에 이스라엘의 수도가 되었고
1967년 전쟁으로 예루살렘이 통일되었다고 써 있다
그 옛날, 조선을 삼킨 일본이 일본과 조선이 하나가 되었다고 했던 것처럼…

도 있을 것이다. 하지만 지금 그렇게 하면 세상이 시끄러울 것이기 때문에 다른 방법으로 하고 있는 것이다.

이스라엘은 1948년에 점령한 서예루살렘에 대한 유대 지역화, 그러니까 팔레스타인 사람들을 쫓아내고 아랍이나 이슬람 정체성을 무너뜨린 뒤 유대인 거주 지역으로 만드는 작업을 이미 오래전부터 진행해왔다. 그에 비해 1967년 전쟁에서 점령한 동예루살렘에는 아직도 많은 팔레스타인 사람들이 살고 있고 그들만의 생활 문화와 언어, 종교가 살아 있다.

이런 상황에서 이스라엘은 동예루살렘에 사는 팔레스타인 사람들에게 이스라엘 시민권을 주는 것이 아니라, 예루살렘 거주권 곧 '너희는 여기에 사는 주민이 아니라 잠깐 머물고 있을 뿐이야' 라는 식의 신분증을 발급하고 있다. 이스라엘 국적을 가진 유대인이 예루살렘의 1등 시민이라면, 이스라엘 국적도 아니고 외국인마냥 거주권만을 가진 동예루살렘의 팔레스타인 사람들은 언제든지 쫓겨날 수 있는 2등 예루살렘 시민인 셈이다. 불안한 신분과 각종 차별을 겪어야 하는 것은 물론이다. 더욱이 예루살렘에 사는 팔레스타인 사람이 3년 이상 외국에 나가 일을 하거나 공부를 하고 나면 다시 예루살렘으로 돌아갈 수 없도록 해놓았다.

못 살게 굴면 나가겠지?

예루살렘 시청은 전체 세금의 32%를 주로 팔레스타인 사람들이 사는 동예루살렘에서 걷는다. 그런데도 동예루살렘에 대한 예산 집행은 전체 액수의 3%밖에 되지 않는다. 그만큼 동예루살렘에 사는 팔레스타인 사람들의 생활은 점점 더 힘들고 불편해지고 있다.

팔레스타인 사람들이 사는 지역은 시에서 쓰레기를 제때 치우지 않아 곳곳에 쓰레기가 쌓여 있다. 그리고 팔레스타인 아이들이 다닐 학교를 짓지 않아 공립학교의 교실 인구 밀도는 점점 높아져만 간다. 공립학교가 점점 좁아지면 사립학교로 가야 하는데 사립학교는 학비가 비싸다. 그래서 생활은 더욱 어려워져만 간다. 가족들이 늘어나면 집을 더 지어야 하는데 건축 허가를 내주지 않는다. 하도 허가를 내주지 않아 허가 없이 집을 지으면 이번에는 불도저를 밀고 와 부숴버린다. 그러니 사람들이 살아가는 환경도 점점 나빠지기만 한다.

직접 사람들을 쫓아내는 경우도 많다. 추방 통지서 달랑 한 장 보내고 난 뒤 갑자기 팔레스타인을 떠나라고 하는 것이다. 그러면 짐을 싸들고 가족들과 함께 떠나야 한다. 떠나지 않을 방법이 없기 때문이다. 온갖 검문소와 군인과 경찰의 감시망이 삼엄한 가운데 숨어 살아갈 방법이 없기 때문이다. 추방 통지를 거부하고 숨어 지내다가 군인이나 경찰에게 잡히면 결과는 똑같다. 어느 날 갑자기 자신도 모르는 행선지의 외국행 비행기를 타고 팔레스타인을 떠나, 이스라엘이 지배하는 한 팔레스타인에는 다시는 돌아오지 못한다는 사실 말이다.

이런 방법 말고도 한 사람 두 사람, 한 집 두 집 못살게 굴어 팔레스타인 사람들로 하여금 불편해서 못살게, 스스로 예루살렘을 떠나게 만들기도 한다. 멱살을 잡고 엉덩이를 걷어차며 예루살렘 밖으로 쫓아내지는 않지만 참다 참다 못해 떠나게 만드는 것이다. 지금도 이스라엘은 이런 식으로 동예루살렘에서 팔레스타인 사람 수를 점점 줄이고 있다. 그리고 다른 곳에 살던 유대인들을 이곳으로 이주시켜 유대인 인구를 야금야금 늘려가고 있다. 서예루살렘에 이어 동예루살렘에 대한 '유대 지역화'를 차근차근 진행하고 있는 것이다.

집을 빼앗긴 사람들

2009년 8월 어느 날 새벽 5시, 이스라엘 군인들이 살림 하눈 씨의 집으로 몰려와 망치로 유리창을 깨고 문을 연 뒤 살림살이를 모두 밖으로 끄집어냈다. 살림 하눈 씨의 가족은 영문도 모른 채 집에서 쫓겨났다. 지금 그 집에는 유대 점령민들이 살고 있다. 환갑을 훌쩍 넘긴 65살의 살림 하눈 할아버지는 그때부터 지금까지 집을 돌려달라며 건너편 길가에서 거리 생활을 하고 있다.

살림 하눈 할아버지와 내가 이야기를 나누고 있는데, 마침 살림 하눈 할아버지의 집을 차지한 유대 점령민들이 살림살이를 싣고 와서 집 안으로 옮기기 시작했다. 가까이 가서 사진을 찍으니 한 사람은 웃으면서 손을 흔들기까지 했다. 그들의 정신세계가 정말 궁금한 순간이었다. 그들이 주장하는 논리대로라면 팔레스타인 사람들은 유대인의 땅에 기생하는 바퀴벌레 같은 존재이니 쫓아내는 것이 당연하다고 생각하는 모양이었다.

나세르 가위 씨 가족도 2009년 8월 집에서 쫓겨났다. 지금은 20명 가량의 유대 점령민들이 나세르 씨 가족의 집을 차지한 채 살고 있다. 집 안에는 무장한 이스라엘 경호업체 직원들이 머물며 집을 지키고 있다. 쫓겨난 과정은 살림 하눈 할아버지와 비슷하다.

나세르 씨의 가족도 지금까지 빼앗긴 집 바로 건너편에 천막을 치고 살고 있다. 유대 점령민들은 집을 빼앗은 것도 모자라 나세르 씨 가족들에게 돌을 던지기도 하고 작정하고 싸움을 걸기도 한단다.

동예루살렘을 여행할 기회가 있다면 유대인 식의 검은 모자를 쓰고 머리를 길게 기른 사람들이 어디에 사는지 한번 살펴보라. 대부분 팔레스타인 사람들에게서 빼앗은 집에 살고 있을 것이다.

그렇다면 법으로 투쟁할 수는 없을까? 물론 팔레스타인 사람들 가운데는 부당한 일을 당한 뒤 소송을 하는 경우도 있다. 하지만 변호사 비용부터 엄청난 돈이 들어가고, 소송을 건다고 해도 이길 확률이 아주 낮기 때문에 돈만 날리는 꼴이 되기 일쑤다.

성지순례, 그 참된 의미를 생각할 때

혹시 기독교인으로 성지순례를 가게 된다면 예수가 죽어간 곳에서 지금 팔레스타인 사람들이 어떻게 살고 있는지 둘러보면 어떨까? 성지순례 하러 온 기독교인들 가운데는 기쁨에 찬 표정으로 무리지어 찬송가를 부르며 다니는 경우가 많은데, 예루살렘에 왔다는 기쁨은 잠시 접어두고 팔레스타인 사람들이 겪는 슬픔에 대해서도 귀를 열어보는 것은 어떨까? 그것이 힘없고 소외된 사람들을 사랑했던 예수의 참된 가르침은 아닐까? 많은 사람들이 예루살렘 하면 성으로 둘러싸인, 예수가 십자가를 메고 걸어갔던 올드시티를 생각하는데, 올드시티는 예루살렘의 한 부분이며 그보다 훨씬 큰 지역이 이스라엘 점령 정책의 대상이 되고 있다.

알라아의 가족 일부는 예루살렘 안을 지나는 장벽 너머에 산다.

예전에는 길을 따라 금방 가족들을 만나러 갈 수 있었지만 이제는 빙글빙글 돌아 한참 차를 타고 가야만 가족들을 만날 수 있다. 이스라엘은 장벽을 쌓으면서 이스라엘 사람과 팔레스타인 사람을 분리하기 위한 거라고 말했지만, 실제로는 팔레스타인 사람과 팔레스타인 사람을 갈라놓고 있다.

알라아가 일이 있어서 잠깐 어디를 간 사이 혼자 예루살렘의 올드 시티를 두리번거렸다. 오늘은 알라아의 고모 집에서 자기로 했다. 라말라에서 일을 하고 있는 고모네 부부 집이 비어 있어 언제든지 와서 집을 써도 된다고 했기 때문이다. 시장과 관광객들이 몰려 있는 곳을 조금 벗어나 영화에나 나올 법한 오래된 건물 사이에서 시원한 바람을 쐬며 알 아크사 모스크 너머로 지는 해를 바라보았다.

평화로운 감성의 시간도 잠시, 몇 걸음 옮길 때마다 이스라엘 군인들이 똬리를 틀고 지키고 있다. 군사 기지도 아니고, 도로도 아닌, 사람이 살고 있는 곳곳에 초소를 세워놓고 군인들이 무리지어 지키고 서 있다. 이래서야 어디 숨 막혀 살 수 있을까?

수많은 사람들과 군인들을 피해 조용한 길을 찾아 걷고 있는데 멀리서 시끄러운 소리가 들려왔다. 그러더니 수십 명의 군인들이 어깨에 총을 메고 요란스럽게 앞을 지나갔다. 시끄러운 소리도 잠시, 군인들이 지나고 나니 올드시티 뒷골목의 밤은 다시 조용한 불빛 속에 잠겼다.

군홧발 소리가 지나고 다시 조용한 삶의 시간이 찾아오듯, 지금은 비록 힘들지만 언젠가 팔레스타인 사람들에게도 조용하고 깊은 평화가 찾아오기를 빌어본다.

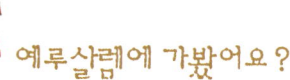
예루살렘에 가봤어요?

팔레스타인에 있다가 기회가 되면 시리아와 레바논에도 가볼 생각이었다. 그래서 이스라엘의 벤구리온 공항을 통과할 때도 '노 스탬프'라고 말해 여권이 아닌 별도의 종이에 입국 도장을 받았다.

그런데 공항을 통과한 지 한 달 반이 지나서야 여권에 이스라엘 도장이 버젓이 찍혀 있다는 것을 발견했다. 눈앞에서는 별도 종이에 도장을 찍어주고, 왜 노 스탬프냐고 묻기까지 하더니 안 보는 사이에 여권에 도장을 찍었던 것이다. 그 도장 하나 때문에 시리아 여행은 물 건너가고 말았다.

예루살렘을 뺀 서안 지구만?

얼마 전부터 이스라엘은 외국 여권을 가진 사람들을 대상으로 새로운 제도를 시행하기 시작했다. 주로 북아메리카와 유럽 지역 국가가 발행한 여권에 '팔레스타인 자치지구로 제한함(Palestine Authority Only)'이라는 도장을 찍는 것이다. 아직은 시행 초기인데 이 제도가 확대되거나 강화되면 어떻게 될까?

나는 이스라엘 지역보다는 팔레스타인 사람들이 많이 사는 서안 지구나 가자 지구에 더 관심이 많기 때문에 앞으로도 이 지역을 방문할 가능성이 높다. 그런데 '자치지구로 제한함'이란 도장이 찍힌 비자를 가지고서는 이스라엘 지역으로 가는 것은 물론이고 벤구리온 공항을 거쳐 서안 지구로 들어갈 수도 없다. 결국 요르단을 통해 육로로 서안 지구를 드나들어야 한다. 게다가 요르단을 통해 서안 지구로 들어갔다고 치자. 예루살렘으로 가려고 하는데 이번에는 예루살렘으로 갈 수가 없다. 왜냐하면 이스라엘의 주장에 따르면 예루살렘은 이스라엘의 일부이고 팔레스타인 자치지구 관할이 아니기 때문이다.

또 어떤 사람이 팔레스타인 서안 지구의 라말라 출신인데 지금은 미국 시민권과 여권을 가지고 있다고 해보자. 이 사람은 지금까지는 그 여권으로 라말라도 가고 나블루스도, 예루살렘도 갈 수 있었다. 하지만 새로운 제도가 시행되면 예루살렘에는 갈 수 없게 된다. 결국 팔레스타인 사람들에게서 예루살렘이 더 멀어지게 되는 셈이다.

외국에서 들어온 많은 단체가 서안 지구의 주요 도시인 예루살렘과 라말라에 사무실을 두고 있고, 활동가들은 이 두 도시를 오가면서 팔레스타인 사람들을 지원하고 있다. 그런데 새로운 비자 제도가 확대 시행되면 국제 활동가들도 지금과는 달리 라말라와 예루살렘을 자유롭게 오갈 수 없게 되고 만다. 이스라엘로서는 외국 여권을 가진 팔레스타인 사람들이 예루살렘을 오가는 것도 막고, 가뜩이나 꼴 보기 싫은 국제 활동가들의 이동도 차단할 수도 있으니, 예루살렘을 서안 지구에서 점점 더 멀어지게 할 수 있는 셈이다.

다시 데이르 알 고쏜으로 돌아온 어느 날, 와엘의 조카 오마르와 함께 팔레스타인에서 찍은 사진들을 쭈욱 넘겨보고 있을 때였다. 예루살렘에서 찍은 사진이 나오자 어디냐고 묻기에 아무 생각 없이 예루살렘이라고 했다. 갑자기 오마르의 표정이 어두워지더니 "예루살렘에 가봤어요?" 하고 물었다. 난 또 아무 생각 없이 예루살렘에 갔던 이야기를 신나게 떠들었다.

예루살렘은 팔레스타인 사람들이 꼭 가보고 싶어 하는 곳으로, 무엇보다 라마단 기간에는 더욱 가고 싶어 한다. 하지만 가고 싶다고 마음대로 갈 수 있다면 그 사람은 팔레스타인 사람이 아니다. 예컨대, 라말라에서 태어난 35살의 팔레스타인 여성이 예루살렘 입구 검문소에서 이스라엘 군인에게 예루살렘에 가고 싶다고 말하면, 군인은 이렇게 대답할 것이다.

"예루살렘? 좋아. 가고 싶으면 가. 다만 10년 뒤에 말이야."

서안 지구 주민들 가운데 남자는 50살, 여자는 45살 이상의 사람들만이 예루살렘에 들어가는 것이 허용되기 때문이다. 서안 지구에 사는 팔레스타인 사람들에게 예루살렘에 가봤냐고 물으면 대부분은 가봤다고 대답한다. 언제 가봤냐고 물으면 모두 어릴 때라고 대답한다. 나이가 아주 많거나 어린 아이들만 예루살렘에 갈 수 있고, 나머지는 이스라엘의 허가를 받아야 하는데 그 허가가 잘 나오지 않기 때문이다.

얼마 전 라말라에서 라힘을 만났다. 라힘의 부인은 팔레스타인 사

동예루살렘 거리. 이스라엘의 새 제도가 시행되고 나면 이곳에 오기가 더욱 힘들어지게 된다.

팔레스타인 사람들이 꼭 가보고 싶어하는 예루살렘
하지만 이스라엘이 가로막고 있어 가고 싶어도 갈 수 없는 예루살렘
평화의 땅이 아닌 점령의 땅이 되어버린 예루살렘

람이기는 한데 예루살렘에서 살고 있다. 부인이 라말라로 와서 라힘을 만나는 것은 쉬운데, 라힘이 예루살렘으로 가서 부인을 만나는 것은 허가 문제 때문에 아주 어렵다고 했다. 라힘이 예루살렘에 들어가 살 수도 없고, 같이 살려면 부인이 라말라로 이사를 오는 방법밖에 없다. 그런데 문제는 한 번 예루살렘을 떠나면 다시 돌아가기가 어렵다는 사실이다. 이스라엘이 예루살렘에 사는 팔레스타인 사람들의 수를 줄이는 방법의 하나로 선택한 것이 결혼한 부부들을 예루살렘 밖에서 살도록 하는 것이기 때문이다.

지금 라힘은 이 문제를 해결하기 위해 자치정부도 찾아가고 국제단체에 편지도 보내며 부부가 자유롭게 만날 수 있도록 하기 위해 노력하고 있다. 하지만 쉽지 않다는 것은 라힘도 잘 알고 있다. 예루살렘에 가봤다고 하면 팔레스타인 사람들이 부러운 눈빛으로 바라보는 이유는 이 때문이다. 그런 눈빛을 받으면 괜히 잘못한 것도 없는 내가 미안해지는 이유도 마찬가지다.

팔레스타인 친구가 "내가 예루살렘에 가는 것보다 미니가 달나라 가는 게 더 쉬울 거예요."라고 말할 때, 두 사람 모두에게서 느껴지는 무거운 마음은 무엇으로 설명해야 할까?

총으로 무장한 군인들 앞에서
작은 아이가 할 수 있는 일은
그저 작은 돌멩이 하나 힘껏 던지는 것뿐…

팔레스타인에 희망이 있냐고요?

　　　　　3년 만에 라말라 근처에 있는 빌린(Bilin)을 찾았다. 빌린은 5년째 장벽 건설 반대 투쟁이 진행되고 있는 곳이다. 3년 전과 달라진 점은, 그때는 장벽 공사가 진행 중이었는데 지금은 이미 장벽이 마을을 둘러싸고 있다는 것. 그리고 그때는 청년들이 돌을 던지고 있었는데 지금은 어린이와 청소년들이 돌을 던지고 있다는 것. 청년들은 날마다 감옥으로 끌려 가고 있으니 마을에 더 이상 청년이 남아 있을 리 없는 것이다. 내가 간 날도 이스라엘 군인들은 집회 도중 팔레스타인 청년 한 명을 끌고 갔다.

한 팔레스타인 아이 때문에 재미난 일도 있었다. 매주 금요일 오후, 동네 한가운데 있는 모스크에서 사람들이 기도를 하고 나오면 그 무리들이 자연스럽게 장벽 쪽으로 행진해서 장벽 반대 집회를 열곤 했다. 그날도 마을 가운데서 집회가 시작되기를 기다리고 있었다.

그때 보온병을 든 한 아이가 컵을 들고 와서는 커피를 한잔 사서 마시라고 했다. 커피 생각이 없어서 안 마신다고 했더니 두어 걸음 물러났다가 다시 와서는 또 한잔 사란다. 역시 생각이 없다고 하니 물러났다가 또 한잔 사라고 했다. 하도 여러 번 그러기에 얼마냐고 물으니 10세켈(약 3,400원)이라고 했다. 난 웃기만 했다. 대략의 물가를 알고 있는 나를 외국인이라고 우습게 보고 가당찮은 값을 부른 것이다. 너무 터무니없는 값을 불렀는지 옆에 있던 그 아이의 친구들까지 나무라는 모습이었다. 그러자 갑자기 아이는 2세켈(약 680원)만 내라고 했다.

국경을 넘은 연대의 현장

집회가 시작되고, 빌린 마을 사람들과 함께 미국과 일본, 유럽 여러 나라에서 온 많은 외국 사람들이 장벽 쪽으로 행진을 했다. 장벽 가까이 가면서 두 무리로 나뉘었다. 한 무리는 비폭력 무리다. 메가폰을 들고 항의도 하고 철조망에 줄을 걸어 당기기도 하지만 돌을 던지거나 하지는 않는다. 다른 한 무리는 곧바로 이스라엘 군인들에게 돌을 던지기 시작했다.

하지만 이 무리든 저 무리든 모두 최루탄이 터지면 조금 물러났다 다시 모여들기를 되풀이했다. 그런데 돌 던지는 무리 가운데 낯익 여러 나라의 사람들이 장벽을 없애라고 집회를 열고 행진을 한 뒤 장벽 검문소에 쳐져 있던 철조망을 걷어내려고 하고 있다.

은 얼굴이 있었다. 조금 전까지 내게 커피를 마시라고 하던 바로 그 아이였다. 방금까지 내게 커피를 팔더니 지금은 돌을 던지고 있는 것이었다.

같이 행진에 참여했던 사람이 누군가의 얼굴이 새겨진 옷을 입고 있어 누구냐고 물었더니 장벽 건설 반대 투쟁을 하다 이스라엘 군인의 총에 맞아 죽은 사람이라고 했다. 그런 상황에서도 포기하지 않고 계속 제 목소리를 낼 수 있다는 것이 내게는 희망으로 보였다. 게다가 다른 나라는 물론 진보적인 이스라엘 사람들까지도 이곳으로 와서 팔레스타인 사람들과 함께 투쟁을 하고 있었다. 그야말로 국경을 넘는 연대의 현장인 셈이다.

팔레스타인에서만이 아니다. 영국에서는 대학생들이 학교 안에서 농성과 집회를 하면서 학교 쪽이 이스라엘 기업과 거래를 중단하도록 만든 일도 있었다.

우리나라만 해도 처음 팔레스타인 연대 운동을 시작했을 때는 그야말로 '한국에서 웬 팔레스타인?' 하는 분위기였다. 하지만 지금은 팔레스타인에서 큰일이 벌어지면 한국이라고 뒷짐 지고 있어서는 안 된다, 우리도 뭐라도 해야 한다고 목소리를 높이는 사람이 많아졌다. 팔레스타인에서 그리고 지구 곳곳에서 사람과 사람, 마음과 마음이 이어지고 모이고 있는 것이다. 그러니 왜 희망을 버리겠는가?

희망은 길과 같다
길이란 원래부터 그 자리에 있었던 것이 아니다
처음 누군가가 걸어가고 자꾸 사람들이 가게 되어 그게 길이 되는 것이다
- 루쉰

이별 이별 이별

　　길다면 길고 짧다면 짧게 머문 데이르 알 고쏜과 이별을 해야 할 때가 다가왔다. 지난 며칠은 특별한 계획을 만들지 않았다. 오직 남은 것은 그동안 함께했던 사람들과 시간을 함께하며 이별을 준비하는 것뿐이니까.

　며칠 전 새벽에 깨어 보니 와엘이 안 자고 텔레비전을 보고 있었다. 화장실 갔다 와서 다시 잘까 하다가 와엘과 이야기를 하기 시작했다. 많은 시간을 함께 지내다 보니 와엘의 영어와 나의 아랍어가 꽤 많이 늘어 점점 대화가 깊어졌다. 그동안 와엘이 내게 묻고 또 물었던 것은 "팔레스타인에 또 올 거예요?"였다. 한번은 농담 삼아 "오가는 비행기 값이 많이 들어 돈 생기면 올게요." 했더니 "내가 돈 벌어 보내줄 테니 와요." 했다.

　친구들과 놀다가도 내가 한국 가는 이야기가 나오면 갑자기 분위기가 무거워졌다. 생각보다 빠르게 무거워지는 분위기 때문에 수습 차원에서 썰렁한 농담을 해야 할 지경이었다. 그런데 이제 정말 떠날 날이 다가오고 있었다.

　새벽에 두 남자가 앉아 이야기를 나누는데 자꾸 눈물이 났다. 갑자기 왜 그랬는지는 모르지만 마흐무드의 세 여동생 마라, 아야, 자밀라 이야기를 하다가 마음이 아파 또 눈물. 와엘도 덩달아 눈물. 그렇게 한참 시간이 흐르고 와엘이 갑자기 툴카렘으로 가자고 했다. 그러고 보니 어느새 창밖에는 해가 밝아오고 있었다. 그동안 와엘 병원 간다고, 칠면조 외상값 받으러 간다고, 은행 간다고, 맛있는 거 사 먹으러 간다고 뻔질나게 드나들었던 길인데 이제 와엘과 그 길을 오가는 것도 마지막인 것 같았다.

한국 같았으면 새벽부터 소주라도 한잔 했겠지만 우리는 그저 빵과 먹을거리를 사서 칠면조 농장으로 갔다. 내가 머물기 좋아하고 잠도 자고 바람도 쐬던 곳이었다. 라마단 끝나고 칠면조와 닭을 잡아먹은 곳이기도 하다. 우리의 추억이 묻어 있는 농장에서 와엘과 함께 아침을 맞았다. 이별을 앞둔 연인마냥…

마지막 소풍

떠나기 전에 그동안 함께했던 친구들과 마흐무드 가족들에게 뭔가 선물을 하고 싶었다. 이리저리 의논하다 다함께 세바스티아에 다녀오기로 했다. 팔레스타인 사람들에게도 세바스타아는 유명한 곳이고 가보고 싶어 하는 곳이다. 와엘의 차와 함께 쎄르비스를 한 대 대절해서 세바스티아로 향했다.

세바스티아에서는 YDA 회원들이 우리를 기다리고 있었다. 나 때문에 두 마을 YDA 회원들이 만나게 되었다며 고맙다고 했다. 로마 유적을 둘러보는데 위즈단이 "미니가 이제 우리보다 더 잘 아니까 안내를 해요."라고 해서 웃기도 했다.

마을을 한 바퀴 둘러보고 나서 몇몇 사람들은 모스크에 기도를 하러 갔다. 그 사이에 아이들이 배가 고프다고 해서 얼른 뛰어가 샌드위치와 음료수를 사다 주었다. 무엇보다 이날은 마흐무드의 세 꼬마 여동생 마라, 아야, 자밀라에게 나와의 좋은 추억을 만들어주고 싶었다. 그렇게 머문 시간과 오간 시간이 거의 비슷한 여행을 마치고 위즈단과 니달과도 마지막 작별인사를 했다. 밤길을 돌아오는데 아쉬움이라는 말이 길에 뿌려졌다.

안녕, 잘 있어요…

다음날 아침, 드디어 모두와 이별할 시간. 아침 일찍 마흐무드 집으로 갔다. 아이들이 학교 가기 전에 인사를 해야 하니까. 가기 전에 종이에 이메일과 핸드폰 번호 그리고 주소를 적어 갔다. 아이들이 연락하고 싶을 때 연락할 수 있도록 하기 위해. 집 컴퓨터는 고장 나 있고, 인터넷도 안 되고, 핸드폰은 돈이 들테니 편지를 하라고 주소를 적은 것이다. 자밀라를 오라고 한 다음, 슈룩에게 통역을 해달라고 했다. 나는 종이와 함께 봉투 하나를 내밀었다.

"자밀라, 편지를 보내려면 돈이 있어야 하니까 이걸 써."

꼭 편지가 아니어도 아이들이 뭔가 필요로 할 때 쓰라고 주고 싶어 봉투에다 돈을 넣어 갔다. 슈룩이 펄쩍 뛴다. 돈은 절대 안 된다고. 슈룩을 달래며 난 이제 간다, 아이들을 위해 뭔가 해주고 싶다, 아이들이 뭔가 필요할 때 이 돈을 써 달라고 했다. 슈룩이 내게 봉투를 던지고 내가 다시 던지고 하기를 몇 번 했다. 슈룩은 아버지가 화낼 거

내 가슴에 깊이 물들어 있는 마흐무드 가족. 벌써부터 그들이 그립다.

라며 절대 안 된다고 했다. 할 수 없이 봉투를 다시 호주머니에 집어넣고 아이들과 이별을 했다.

모두 울었다. 아야는 이런 거 하기 싫다고 얼른 나가버렸다. 마라를 꼬옥 껴안았다. 마라도 울고 나도 울었다. 마라는 애써 아무렇지 않은 듯 문 밖을 나섰다. 누군가와 이런 이별을 해보는 것은 나에게는 처음이었다.

집으로 가니 와엘이 기다리고 있었다. 한국에서 가져간 부채와 컵을 와엘에게 주었다. 와엘은 "이걸 보면 미니가 생각날 거예요." 하면서 눈물을 글썽였다. 나도 울컥했다. 나를 데리러 택시가 왔다. 짐을 들고 택시를 타기 전 와엘과 껴안으며 서로 또 울었다. 옆에서 지켜보고 있던 동네 사람들도 아무 말이 없었다. 택시가 떠나는 순간 마흐무드가 손을 잡으며 울었다.

언제 다시 만날지…

그렇게 데이르 알 고쏜을 떠나 라말라로 왔다. YDA 사무실에 들러 그동안 여러 가지로 도와주고 마음 써준 할라와 탈랄에게 마지막 인사를 했다. 가자 지구에 있는 칼리드에게도 마지막 전화를 했다. 다음에는 꼭 만나자고 하고는 전화를 끊었는데 몇 시간 뒤 다시 전화가 왔다. 이번에 못 만나서 아쉽다며, 가자에 못 온 것에 대해 화내지 말고 다음에는 꼭 가자에 오라는 말을 건넸다.

저녁에는 라말라에 사는 나시프를 마지막으로 만났다. 팔레스타인의 마지막 밤에는 꼭 나시프와 함께하고 싶다고 했기 때문이다. 나시프에게는 그 사이에 여러 가지 일이 있었다. 둘째 아이가 태어났고,

유엔 관련된 곳으로 일자리도 옮겼는데 그곳에서 한국 사람과 함께 일하게 되었다고 한다. 사무실이 예루살렘에 있어 예루살렘을 오가는 문제를 해결하기 위해 이리저리 알아보고 있다고 했다. 언젠가 MBC에서 촬영을 왔을 때 칼리드가 안내를 했고, 그때도 예루살렘을 가기는 갔는데 이스라엘 군인들이 나시프에게는 차 안에만 있으라고 했다고 한다.

첫날 나시프를 만났을 때가 생각났다. 3년 만에 팔레스타인에 다시 왔다고 하니 나시프는 한쪽 눈을 찡그리는 특유의 재미난 표정을 지으며 "그럼 또 3년이 지나야 오겠네?" 해서 내가 손을 흔들며 "아니야, 아니야." 했었는데…. 나시프와 작별인사를 하면서 다음에 올 때는 나시프가 좋아하는 소주를 꼭 가져오겠다고 약속했다. 한국 사람들은 가져오라는 소주는 안 가져오고 만날 인삼차만 갖고온다고 불만이던 나시프였다.

팔레스타인에서의 마지막 밤이다. 지금 내 가방 안에는 친구들이 준 온갖 선물들이 가득하다. 편지, 인형, 볼펜, 수첩, 향수, 나무 조각 등등. 나는 별로 해준 것이 없는데 친구들은 마지막까지 한 사람 한 사람 모두 선물을 준비해서 안겨주었다.

사실 아직 떠난다는 것이 실감나지 않는다. 내가 가장 좋아하는 필라펠이나 레벤(요거트와 비슷하다)도 먹고 싶으면 아직은 얼마든지 먹을 수 있으니까. 보고 싶은 사람도 전화하면 언제든지 목소리를 들을 수 있으니까. 길도 사람도 끊어지듯 전파도 끊어지는 예루살렘으로 가기 전까지만은…

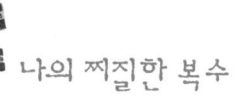
나의 찌질한 복수

　　　　일어나 씻고 짐을 주섬주섬 챙겨 예루살렘으로 가기 위해 버스를 탔다. 칼란디야 검문소에서는 모두 내려야 한다. 사람은 사람대로, 차는 차대로 검문소를 지나 다시 차에 타야 한다. 들고 갈 짐뿐만 아니라 한국으로 부칠 짐까지 잔뜩 들고 낑낑거리며 검문소로 갔다.

　칼란디야 검문소를 지나본 사람들은 알겠지만 짐을 들고 좁은 회전문을 통과하려면 무척 애를 먹는다. 겨우겨우 가방을 끌고 회전문을 통과하고 무거운 짐을 검색대에 올렸다 내렸다 하면서 검문소를 지나 다시 버스에 탔다.

　동예루살렘에 도착해서 가장 먼저 할 일은 서예루살렘에 있는 우체국으로 가는 것이다. 케피예나 깃발 같은, 팔레스타인을 상징할 수 있는 모든 물건들은 우편으로 한국에 부쳐야 한다. 그런 것들이 가방에 있으면 공항에서 귀찮아질 수 있으니까. 동예루살렘에는 우체국이 없을까? 당연히 있다. 하지만 동예루살렘보다 서예루살렘이 좀 더 짐을 수월하게 보낼 수 있기에 가는 것이다. 택시비를 아끼려고 무거운 짐을 낑낑거리며 들고 가느라 애먹었다.

　귀중한 물건은 모두 비행기로 부쳤다. 요금이 아주 비싼 대신 안전하고 3, 4일밖에 걸리지 않는다고 한다. 천천히 도착해도 되는 물건은 요금이 훨씬 싼 배로 부쳤다. 언제 도착할지는 알 수 없는데 보통 2, 3개월 걸린다고 한다.

우체국을 나와 다시 올드시티로 가서 한국으로 가져갈 선물을 이것저것 샀다. 해가 저물 때쯤 저녁을 먹고 텔아비브에 있는 벤구리온 공항으로 가기 위해 버스 터미널로 갔다. 이번에도 터미널 입구에서 나를 기다리고 있는 것은 검색대였다. 호주머니에 든 것을 모두 꺼내고, 엑스레이 검색대 위에 다시 짐을 올렸다. 나는 무사히 통과했는데 뒤에 따라오던 한 팔레스타인 여성은 무슨 문제가 있는지 이스라엘 경찰이 그 여성의 핸드백을 까뒤집고 있었다. 만약 우리가 한국의 고속버스터미널에서 짐을 모두 까뒤집히는 일을 당하면 기분이 어떨까?

검색 검색 검색

공항행 버스를 탔다. 공항 근처에 가서 또 한 번 버스를 갈아타야 한다. 물론 조금 돈을 더 주면 한 번에 가는 차를 탈 수도 있지만 말이다. 버스를 타고 가는데, 갑자기 버스가 서고 이스라엘 군인들이 올라탔다. 차 안 여기저기를 살펴보고 휴지통까지 열어보더니 내렸다. 그리고 조그만 기계로 버스 아래쪽까지 검사를 하더니 가라고 했다.

버스에서 내려 짐을 끌고 공항 안으로 들어가려고 하는데 갑자기 공항 직원이 다가왔다. 검색이 까다로울 것이란 짐작은 했지만 이건 예상치 못한 것이었다. 이럴 때를 위해 준비해둔 것이 '노 잉글리쉬'다. 상대가 뭐라고 하든 영어 못한다고 잡아떼는 것이다. 어디서 오는 길이냐고 물어도 예루살렘, 거기서 뭐했냐고 물어도 멀뚱멀뚱 모르겠다는 표정으로 있다가 그냥 예루살렘이라고 말하는 것이다. 그 뒤에 공항 직원이 몇 가지를 더 물었고, 몇 번 더 멀뚱멀뚱 하고 나니 그냥 가라고 했다.

내가 탈 비행기가 새벽 4시 비행기여서 전날 밤부터 공항에 가 있었다. 지루하게 기다리다 1시가 되어 컴퓨터로 출력한 이-티켓을 갖고 루프트한자 항공사 앞으로 갔다. 비행기 표를 받기 위해서였다. 그런데 다른 사람들은 벌써 가방에 딱지를 하나씩 붙이고 있었다. 표를 받고 나서 보안검색을 할 줄 알았더니 반대로 검색을 거치고 나면 가방에 딱지를 붙여주었고, 그 뒤에야 표를 받을 수 있었던 것이다.

보안검색을 받기 위해 사람들이 길게 줄을 서 있었다. 앞 사람들이 검색대를 통과하는 모습을 보고 있자니 어떤 사람은 엑스레이 검색만 하고 그냥 가기도 하고, 어떤 사람은 다른 검색대에 가서 잠깐 인터뷰를 하기도 하고, 어떤 사람은 검색대 위에 짐을 잔뜩 풀어놓기도 했다.

내 차례를 기다리고 있는데 뒤에 있던 할아버지 한 사람이 큰 소리로 따지기 시작했다. 도대체 왜 이러는 거냐, 이것은 우리를 괴롭히려고 그러는 것 아니냐 등등의 말을 했다. 그만큼 보안검색이 여행객들을 힘들게 하고 있었다. 다른 공항에서는 보통 출발 2시간 전에 공항에 오라고 하는데 이스라엘에서는 적어도 3시간 전에 오라고 한다. 까다로운 보안검색 때문이다.

내 차례가 되었다. 한 남자가 다가오더니 무거운 표정으로 어디서 오는 것이냐, 거기서 뭐 했냐, 누구를 만났느냐며 따지듯 물었다. 나는 노 잉글리쉬 작전을 지켜나갔다. 이러쿵저러쿵 말해봐야 말이 꼬

일 수 있으니 아예 입을 다무는 쪽이 속 편하기 때문이다. 그러자 그 남자는 다른 사람을 불렀다. 어떤 여자가 오더니 이번에는 비슷한 질문을 웃으면서 부드럽게 했다. 그러면서 누구한테 선물 받은 것이나 짐을 옮겨달라고 부탁받은 것이 있느냐고 물었다. 함정이다. 공항을 이용하면 이런 질문을 받을 가능성이 아주 높은데 순진하게 선물 받은 거 있다고 말하면 안 된다.

아무튼 인터뷰를 끝내고 엑스레이 검색대에 짐을 넣고 나니 또 다른 검색대로 가라고 했다. 또 다른 직원이 짐을 올려놓으라고 하더니 가방을 열라고 했다. 그 사람 역시 이것저것 물었지만 나의 멀뚱멀뚱은 계속되었다. 가끔은 전혀 엉뚱한 대답을 하기도 했다.

태어나서 그런 짐 검색은 처음 당해봤다. 여러 개의 가방에 있는 모든 짐을 다 꺼내게 했다. 이것저것 만져보고, 열어보고, 심지어 노트북까지 켜보라고 했다. 이미 오늘만 해도 칼란디야, 예루살렘, 공항 엑스레이 검색까지 마친 짐들이지만 이거저것 또 기계에 넣었다 뺐다 했다. 짐 검색을 예상했기 때문에 일부러 가방 맨 위에는 더러워진 '빤스'들을 올려놓았고, 깨질 만한 것들도 모두 '빤스'로 싸놨더니 짐을 뒤지던 직원이 무척 언짢은 표정을 지었다.

노트북이나 카메라와 같은 전자 기기들은 혹시 깨질지 모르니 직접 들고 비행기를 타는 것이 기본이다. 하지만 이스라엘 공항에서는 그것들도 비행기 안에 들고 들어갈 수 없으니 화물칸에 실으라고 했다. 그러면서 친절하게도 깨지지 말라고 뽁뽁이로 싸주었다. 그 사이에도 공항 출국장에서는 수십 명의 젊은이들이 이스라엘 깃발을 흔들며 크게 노래를 부르고 있었다(내 눈에는 너무나 무례하게 보였다).

우락부락한 표정으로 질문도 하고 내 짐을 활짝 까뒤집더니 이번에는 다른 사람이 웃는 얼굴로 다가와 따라오라고 손짓을 했다. 또 다른 방 입구에서도 쇠붙이 검색기를 지났다. 먼저 외투를 벗고, 주머니에 있는 것을 모두 바구니에 담으라고 했다. 그때부터 내 몸을 만지기 시작했다. 비닐장갑을 낀 채 정말 머리부터 발바닥까지 온몸을 더듬었다. 셔츠 옷깃까지 일일이 다 만져보았다. 내 숨결 하나하나 놓치고 싶지 않다는 듯 말이다. 바구니에 담긴 것들은 또 어디로 들고 가서 검사를 했는지 다시 가지고 와서는 가져가라고 했다.

비행기 뜨기 몇 분 전에야 끝난 검색

검색을 마치고 돌아오니 짐들은 그야말로 검색대 위에 널브러져 있었다. 비행기 떠날 시간은 다가오고, 다른 사람들은 모두 비행기를 타러 가고 없었다. 주변에는 휑한 바람만 돌고 있었다. 갑자기 한 직원이 시계를 가리키며 시간 다 됐으니 얼른 짐을 싸라고 재촉했다. 순간 나도 모르게 "이런 미친 놈이!"라는 말이 튀어나왔다. 시간은 다 되어 가고 짐은 엉망으로 풀어져 있으니 짐을 싼다기보다는 그냥 집어서 이 가방 저 가방에 쑤셔 넣었다.

가방을 챙겨들고 여권을 달라고 하니 보안직원 두 명이 내 여권을 쥔 채 따라오라고 했다. 시간이 촉박하다는 것을 알고 있는지 두 사람은 내 짐을 나눠 들고 앞서 갔다. 항공사 앞으로 가더니 내 비행기 표를 받아들고는 또 어디론가 가면서 따라오라고 했다. 두 사람은 나를 데리고 출국장까지 함께 갔다. 그리고 여권에 도장을 찍고서야 내게 여권을 건네주면서 잘 가라고 했다. 시간이 너무 촉박해 욕도 못 해주고 얼른 비행기 타는 곳으로 뛰어갔다. 1시부터 당한 검색은 비행기 출발 겨우 몇 분 전에야 끝났던 것이다.

  비행기를 타면서 생각하니 오히려 잘됐다는 생각이 들었다. 오늘 이미 여러 상황 가운데 가장 안 좋은 상황을 겪어 봤으니, 다음부터는 이번과 똑같거나 이번보다 더 좋은 상황만이 나를 기다릴 것이기 때문이다. 또 이스라엘 공항에서 어떤 안 좋은 상황이 생길 수 있는지, 그런 상황을 잘 견뎌내는 방법은 무엇인지까지도 함께 나눌 수 있을 테니.

  이스라엘이 왜 그렇게 할까 궁금할 것이다. 이 또한 다른 질문에 대한 대답들과 마찬가지다. 내가 그 까닭을 어떻게 알겠는가? 다만, 몇몇 가방을 너무 심하게 까발려 검사하다 보니 시간이 부족해 또 몇몇 작은 가방은 아예 열어보지도 않았다는 사실이 검색의 목적이 보안이 아니라는 사실을 말해줄 뿐. 아마도 이스라엘에 와서 팔레스타인 어쩌고저쩌고 하면 이렇게 귀찮고 피곤해지니 다시는 오지 말라는 뜻일 게다.

  달리 생각하면 그 정도 피곤함은 당연하다고 생각하고 우리는 기회가 되는 대로 팔레스타인에 가려고 해야 하는지도 모른다. 팔레스타인 사람들이 겪는 삶의 현실은 우리가 겪는 몇 시간의 피곤함과는 비교도 할 수 없는 것이니까.

  그렇게 나는 새벽 비행기를 탔다. 언제 다시 가게 될지 모르는 팔레스타인을 떠나게 된 것이다.

외국인인 내게 팔레스타인 사람들이 부탁했던 것은 단 한 가지였다

"이렇게 팔레스타인으로 와 주셔서 너무 고맙습니다
우리가 원하는 것은 돈이 아니에요
한국으로 돌아가시면 팔레스타인의 진실을 더 많이 알려주세요
우리는 테러리스트가 아니라고 말해주세요"

Epilogue

한 번 울리고 끊어지는 전화

한국에 돌아와 인터넷으로 와엘에게 전화를 했다. '살람 알레이쿰!', '알레이쿰 살람!' 이 오가며 반갑게 서로를 확인했다. 통화 음질이 좋아도 문제인 것이 마치 가까운 곳에 있는 것만 같고 버스를 타면 금방 만날 수 있을 것 같은 착각이 들었다.

하지만 대화를 오래할 수는 없었다. 함께 있을 때는 서로의 표정을 보고 감정을 느낄 수 있으니 영어와 아랍어가 짧아도 큰 문제가 되지 않았지만, 지금은 오로지 말로만 해야 하니 길게 이야기를 나누고 싶어도 할 수 있는 말이 몇 마디 안 됐다. 그제야 우리는 팔레스타인과 한국으로 떨어져 있다는 것을 실감했다.

팔레스타인에서 돌아온 뒤 곧바로 부모님을 뵈러 부산으로 향했다. 가는 길에 이합이 했던 이야기가 떠올랐다. 고등학교 3학년인 이합은 지금까지 살면서 바다에 한 번도 안 가봤다고 했다. 데이르 알 고쑨에서 보면 저 너머 이스라엘의 텔아비브가 손에 잡힐 듯 보이는데 말이다. 푸른 지중해를 끼고 있는 도시 텔아비브는 유명한 관광지다. 그런데도 20년 가까이 살면서 바다라고는 안 가본 것이다. 가기 싫어서가 아니라 갈 수 없으니 눈앞에 두고도 못 간 것이다. 외국인인 나는 가면서 팔레스타인 사람은 못 가는 그곳. 이합이 언젠가 꼭 팔레스타인의 서쪽, 지중해 푸른 바다에 손을 담글 수 있는 날이 오기를 빈다. 혹시라도 한국에 오게 되면 해운대와 태종대도 보여주고 싶다.

가끔 전화기에 마흐무드의 부재중 전화가 걸려온다. 팔레스타인에 있을 때 벨이 한 번 울리고 끊어지는 부재중 전화의 의미는 '지금 네 생각하고 있어', '네가 보고 싶어'였다. 그러니까 부재중 전화는 요금을 내지 않고 보고 싶다는 마음을 전하는 방법인 것이다. 나도 한 번씩 와엘과 마흐무드에게 전화벨이 한 번 울리면 바로 끊는 부재중 전화를 건다.

팔레스타인에 다시 갈 거냐고 묻는 사람들이 있다. 당연하다. 그동안은 팔레스타인의 현실을 알고 그것을 세상에 알리기 위해서 갔다면, 다음번에는 다른 것은 다 떠나서 사람들이 보고 싶어서 갈 것이다.

위즈단과 니달은 결혼해서 잘 사는지, 와엘은 좀 더 건강해졌는지, 마흐무드는 새 애인이 생겼는지, 슈룩의 그 큰 목소리는 여전한지, 아부 마흐무드의 허리는 좀 괜찮은지, 아셈은 대학에 합격했는지 그리고 세 꼬마 자매는 어떻게 지내는지 보고 싶다.

지난겨울, 내가 살고 있는 고양시에 눈이 많이 왔다. 어느 눈 오는 날, 팔레스타인에서는 눈 구경하기가 힘들 것 같아 일부러 사진기를 들고 밖으로 나갔다. 산도 찍고 나무도 찍고 길도 찍었다. 눈 위에 보고 싶은 친구들 이름 하나하나를 손가락으로 적어 하나하나 사진을 찍었다. 그리고 팔레스타인으로 보냈다. 내 마음도 가득 담아서.

2010년 8월 안영민

책을 만드는 동안
와엘, 마흐무드, 무함마드, 슈룩, 이합, 마젠, 아야…
이 책에 나오는 수많은 팔레스타인 친구들이
머릿속에 뱅뱅거렸습니다.

책을 다 만들어갈 즈음,
마치 오래전부터 알고 지낸 사람들처럼
너무나 그들이 보고 싶었습니다.
그들이 살고 있는 데이르 알 고쏜도 가보고 싶어졌습니다.

가서 그들과 어울려 차를 마시고
머리가 띵할 정도로 달다고 하는 그들의 과자도 먹어보고
함께 올리브도 따고 싶어졌습니다.

그리하여, 고립되어 있는 그들이지만
세상 많은 사람들이 그들을 생각하고 있고
그들의 고통을 함께 아파하고 있다는 사실을 말해주고 싶었습니다.

외로워하지 말라고…
희망을 놓지 말라고…

-책으로여는세상-